ELS FUTBOLÍSSIMS

EL MISTERI DE L'ULL DE FALCÓ

Roberto Santiago

Il·lustracions d'Enrique Lorenzo

Traducció de Josep Sampere

cruïlla

llegircruilla.cat

Primera edició: maig de 2014
Sisena edició: abril de 2016

Edició: Núria Font i Ferré
Disseny de la col·lecció: Lara Peces

Títol original: *El misterio del ojo del halcón*
Publicat per Ediciones SM

Nàpols 249 – 08013 Barcelona
editorial@cruilla.cat

ISBN: 978-84-661-3625-9
DL: M-11141-2014
Impreso en la UE / *Printed in EU*

1

Això és el que va passar.

Començava a nevar.

Jo estava sol al mig del bosc, sota un arbre enorme, amb l'esquena recolzada al tronc. Sentia la mar de bé la meva respiració frenètica.

Vaig mirar a banda i banda.

No vaig veure ningú.

A la mà portava la metralladora T68. En vaig acariciar el gallet.

Les primeres volves de neu em van caure al cap.

Havia d'afanyar-me, si no volia que la situació empitjorés.

Era el moment de sortir, encara que m'exposés que em descobrissin.

Vaig respirar fondo una, dues, tres vegades...

Vaig arrencar a córrer, un altre cop. A tota velocitat, amb la metralladora a les mans.

Vaig sentir veus a pocs metres.

–És allà, és allà! –cridaven.

Al cap de no gaire va sonar el primer tret.

Va passar fregant-me. No em va tocar per un pèl.

Vaig continuar avançant. Corrent. Vaig entrar en una zona on la vegetació era encara més espessa.

A terra s'amuntegava tanta fullaraca que no sabia on mirar. Podia haver-hi forats, trampes amagades.

M'havia d'arriscar, però.

Vaig continuar corrent.

Més i més i més de pressa.

Malgrat la corredissa, les veus semblaven cada cop més a prop.

M'arribava clarament el soroll de passos, branques trepitjades, veus confuses.

Eren dos.

Tres, potser.

Estaven a punt d'atrapar-me.

Gairebé no em quedava temps. Començava a notar una punxada al costat. Em vaig pressionar les costelles amb una mà, mentre amb l'altra empunyava la metralladora, sense parar de córrer.

Per fi la vaig veure.

Era davant meu, a pocs metres.

M'havia passat el matí buscant-la i en aquell moment la tenia al davant dels ulls.

Vaig accelerar encara més.

Vaig ensopegar amb l'arrel d'un arbre, vaig començar a fer tentines i vaig estar a punt de caure de morros, però em vaig repenjar en unes branques i vaig recuperar l'equilibri.

Em vaig disposar a córrer de nou.

En aquell moment em vaig adonar que havia perdut la metralladora.

Mentre la buscava entre els matolls, vaig sentir com s'acostaven les veus.

Em vaig quedar ben quiet. Sentia caure la neu. I també sentia les veus.

No quedava temps.

Vaig decidir deixar estar la metralladora.

Vaig decidir córrer.

Vaig decidir anar a apoderar-me de l'objectiu.

Sense pensar res més.

Vaig esquivar un grup d'arbres, vaig saltar un munt de branques caigudes, vaig travessar la brossa i vaig rodejar unes pedres.

Vaig trepitjar un toll i els peus em van quedar xops. Tant se me'n donava, tot plegat.

M'hi acostava per moments.

Vaig sentir crits, alenades, molt a prop; gairebé ja em tenien.

Vaig accelerar encara més. Gairebé no podia respirar i les cames em feien un mal com si m'hi clavessin agulles.

Hi arribaria jo primer.

Estava a punt d'aconseguir-ho.

Uns quants passos més i prou...

Vaig sentir com em disparaven...

De manera que em vaig tirar en planxa cap a l'objectiu.

Vaig volar amb els braços estesos.

I la vaig atrapar!

Vaig aferrar la bandera amb les dues mans...

En aquell mateix moment vaig sentir un impacte a l'esquena.

2

–Ja l'havia agafat! –va assegurar el Camunyes.

–No diguis bestieses! –va protestar el Toni–. L'ha agafat després, ho ha vist tothom!

Érem al desembre, faltaven pocs dies per Nadal, en aquella muntanya hi feia molt fred i ens havíem passat tot el matí corrent pel bosc buscant una bandera de color negre.

La bandera que en aquell moment tenia jo a la mà.

L'Alícia i el Felip, els nostres entrenadors de l'equip de futbol, l'havien amagada al bosc.

Després ens van donar una metralladora de pintura a cadascun i ens van dividir en dos grups. L'equip blau el formàvem el Pessi, el Tomeu, el Camunyes i el Paket, que sóc jo.

A l'equip vermell hi havia la Xantal, el Toni, la Marilyn, l'Aina i el Vuit.

Tots jugàvem al mateix equip de futbol 7: el Pla de Dalt.

El campionat d'aquell any a la Lliga Intercentres havia començat mig-mig.

Bé, mig-mig no.

Havia començat molt malament.

Nou partits jugats, nou derrotes.

L'una darrere l'altra.

Ningú no se'n sabia avenir.

No és pas que siguem el millor equip de la comarca.

Però mira que perdre tots els partits!

No ens havia passat mai.

I justament l'any que teníem més esperances.

–Confiem moltíssim en l'equip –havia dit l'Esteve, el director de l'escola.

De moment, però, havíem perdut els nou primers partits de Lliga.

Un rècord negatiu.

De manera que el Felip i l'Alícia van decidir que havíem de recuperar l'esperit d'equip.

Per això van organitzar aquella batalla al bosc.

Una guerra de pintura. Vam passar el matí gelats, sota la neu, disparant-nos boles de pintura.

–Heu de lluitar plegats per un objectiu comú –va dir el Felip.

–Recordeu que sou un equip de debò –va afegir l'Alícia.

–Però com voleu que siguem un equip de debò, si ens hem de disparar boles els uns als altres? –va preguntar el Pessi.

–Això mateix –va dir l'Alícia–. Un equip que fa sacrificis i esforços...

–Amb boles de pintura –va afegir el Camunyes.

–Exacte –va dir el Felip a tall de conclusió.

I va començar la guerra.

Guanyaria el primer equip que aconseguís trobar la bandera negra i apoderar-se'n.

L'inconvenient era que si et tocava una bola de pintura, quedaves eliminat.

I la discussió era justament aquesta:

Havia agafat la bandera abans o després de rebre l'impacte de la bola de pintura?

–Abans! L'ha agafada abans! –va cridar el Tomeu.

–Però si l'he tocat a l'esquena i després ha agafat la bandera! Ho hem vist tots! –va protestar la Marilyn–. Ho hem vist o no ho hem vist?

A l'autocar, quan tornàvem a l'escola, va continuar la discussió.

–El més important ha estat l'activitat per si mateixa –va dir l'Alícia–, no pas qui ha guanyat.

–Sí, és clar –va protestar l'Aina–. Això ho dius perquè no t'has passat el matí fent bots per la muntanya i empastifant-te de pintura.

–Els entrenadors sou vosaltres, heu de dir qui ha guanyat –va fer el Toni molt seriós.

Vam aixecar el cap per mirar el Felip i l'Alícia.

Eren a la part del davant de l'autobús.

Es van girar i ens van mirar amb un somriure esplèndid.

Després es van mirar entre ells.

–Si voleu que us sigui franc... –va dir el Felip.

–Si voleu que us sigui franca, és completament impossible de saber-ho –va afegir l'Alícia.

–Què!? –va exclamar el Camunyes.

–Però hi deu haver alguna forma de saber-ho –vaig dir jo.

–Aquí no tenim repetició de la jugada, ni càmera lenta, ni res... –es va disculpar l'Alícia.

–Doncs quina estafa –va protestar el Vuit–. Tanta comèdia i al final no sabem ni qui ha guanyat...

–Hem guanyat nosaltres –va replicar el Toni–. La bola li ha tocat l'esquena abans que pogués agafar la bandera...

–Ha estat un tret a traïció –va dir el Camunyes–. I ja tenia la bandera ben agafada...

I tornem-hi amb la discussió.

El Camunyes és el meu amic més amic, però també és molt tossut i no es rendeix mai.

Mentre ells continuaven discutint, la Xantal amb X, que és la meva veïna, per si de cas algú no ho sap, i la noia que té els ulls més grossos de l'escola, se'm va acostar i em va dir gairebé xiuxiuejant:

–Hi hauria d'haver un sistema, a la vida, per poder veure a càmera lenta les coses que ens han passat. No trobes, Paket?

–Eeeeh, sí... suposo que sí –vaig dir per no callar.

–Si ara mateix poguessis triar un moment de la teva vida per tornar-lo a veure a càmera lenta, quin seria? –em va preguntar.

–Daixò...

La vaig mirar tot pensant que si pogués tornar a veure un moment de la meva vida a càmera lenta no triaria pas quan havia agafat la bandera, al bosc, ni tampoc quan vam guanyar el torneig de futbol de l'estiu passat, ni tan sols quan l'equip es va salvar del descens al darrer segon... Si hagués d'escollir un sol moment, potser escolliria el primer petó de la meva vida.

El que m'havia fet la Xantal al camp de futbol, a mitjanit, feia uns quants mesos.

Vet aquí el que vaig pensar.

–Què, doncs? Quin moment triaries? –va insistir.

La vaig mirar una altra vegada i vaig dir:

–No n’estic segur, però em sembla que triaria el moment que vaig marcar el gol de penal i ens vam salvar del descens al darrer segon...

Ella va somriure.

I va dir:

–Sí, és clar.

Quan la Xantal et mira amb aquells ullarros, sembla que tinguin superpoders i pugui endevinar-te els pensaments.

–Hem guanyat nosaltres i s’ha acabat! –va exclamar la Marilyn.

A l’autobús continuava la discussió.

Tot i que, en aquells moments, la bandera i les boles de pintura no m’importaven gens ni mica.

–No és que us vulgui fer la guitza –va dir el Pessi, que sempre veu l’aspecte negatiu de tot–, però encara resultarà que, per culpa d’aquesta guerra de pintura, en lloc de recuperar l’esperit d’equip al final aconseguirem tot el contrari...

Per un cop a la vida tenia raó, el Pessi.

El Felip i l’Alícia van provar de posar-hi pau, però no hi havia manera.

La discussió va durar tot el viatge.

Vaig mirar per la finestra. Encara nevava.

Llavors, vaig aprofitar per llegir els missatges del mòbil.

14.02 h «Francesc, quan tornis fes-te el llit.»

14.04 h «Francesc, recorda't de regar les plantes, que s'estan pansint.»

14.15 h «No, val més que no les reguis, que encara hi posaràs massa aigua i s'ofegaran.»

14.16 h «Que sí, rega-les, però una miqueta, no siguis bèstia, que et conec.»

14.17 h «Francesc, plega la roba estesa. I que no quedi arrugada...»

14.18 h «He pensat que és millor que les plantes les regui ton pare, si se'n recorda.»

14.19 h «I FES-TE EL LLIT!!»

Evidentment, el Francesc sóc jo. Encara que n'hi ha que em diuen Cesc o fins i tot Paket.

Com que venia Nadal, la mare no descansava ni un moment a la botiga de regals on treballa. No tenia temps per a res, de manera que anava repartint ordres tot el dia entre el meu pare, el meu germà i jo.

Nadal està molt bé pels regals i aquestes coses.

Però, si més no a casa meva, és l'època de l'any en què es discuteix més.

La mare discuteix amb el pare.

El pare discuteix amb el meu germà gran.

El meu germà gran no para de ventar-me calbots.

I jo discuteixo amb la mare.

I així tot el sant dia...

–Jo també tinc molta feina, Joana. Quan s'acosta Nadal hi ha molts robatoris, augmenta la delinqüència –havia dit aquell matí el pare, que és policia municipal.

–No diguis bestieses, Emili –li va respondre la Joana, o sigui, la meva mare–. Si en aquest poble no passa mai res.

A Gironeta gairebé no hi ha delinqüència, francament. Ni robatoris, ni encara menys assassinats o coses per l'estil.

Encara que ens repartim les feines de casa entre tots quatre, el cas és que el pare sempre troba excuses, tot i que normalment no en fem cas perquè ja el coneixem.

Nadal.

Temps de pau, de concòrdia i d'amor.

És el que diuen els anuncis.

Això és perquè els guionistes no han passat per casa meva.

Al cap d'una bona estona, l'autocar va arribar per fi a la porta de l'escola.

La discussió sobre la bandera negra encara no afluixava.

En aquell moment, però, va passar una cosa.

Una cosa completament inesperada.

I tots vam callar, finalment.

El que va passar és que a la porta de l'escola hi havia un munt de gent.

Tots miraven una cosa.

Una pintada enorme que hi havia a la façana.

Una pintada gegantina feta amb pintura vermella.

Hi havia molta gent: alumnes, professors i badocs en general.

La pintada deia:

EL CAMUNYES I LA XANTAL S'HAN FET UN PETÓ

3

Tothom sap que la Xantal amb X és la més guapa de la classe i potser una de les més guapes de l'escola.

També saben que el Camunyes és un orellut i que mai no ha tingut facilitat per conquistar les noies.

Pel que sembla, però, les coses estaven canviant.

Al començament de curs, el Camunyes va començar a sortir amb la Marilyn, o una cosa semblant. (Si voleu saber més coses del tema, llegiu *El misteri del porter fantasma*.)

Des d'aleshores, sempre van junts a tot arreu.

Veure el Camunyes amb una noia ja és força estrany.

Per acabar-ho d'arrodonir, però...

Ara resulta que havia fet un petó a la Xantal!

Ho deia la pintada, si més no.

–La pintada no canviarà, per molt que la mireu –va dir l'Alícia.

Efectivament: ja feia estona que contemplàvem la porta de l'escola, sense saber què pensar.

O tot al contrari:

Pensant moltes coses.

D'una banda, estàvem atents a la reacció de la Xantal i el Camunyes, a veure quina cara feien, què deien.

Però tampoc no perdíem de vista la Marilyn, que estava tota seriosa des del primer moment.

Jo també observava el Toni, que no parava d'arrufar les celles i moure els llavis, com si li ballés alguna idea pel cap.

Encara que ho negui, al Toni li agrada la Xantal.

Bé, jo també ho nego i en el fons pot ser que a mi també m'agradi.

Però això és una altra història que ara no ve a tomb.

El cas és que tots contemplàvem la pintada i ens miràvem entre nosaltres.

L'Aina, el Vuit i el Tomeu parlaven en xiu-xius, mirant de reüll la Xantal.

I també miraven els dos protagonistes, el Camunyes i la Xantal, que s'havien quedat bocabadats i amb cara de no entendre res.

En acabat, l'Aina es va acostar a la Marilyn, li va posar una mà a l'espatlla i li va dir:

–Que estàs bé, Marilyn?

–Per què hauria d'estar malament? Què m'importa, a mi, el que faci el Camunyes? –va respondre.

Però pel seu to de veu es veia que sí que li importava.

–No t'hi amoïnis, que segur que és mentida –va afegir l'Aina.

–Si no m'hi amoïno pas –va replicar la Marilyn.

–Siguem realistes –va dir el Vuit–. Com voleu que es facin un petó, el Camunyes i la Xantal? Per l'amor de Déu!

–Exacte –vaig fer jo–. És impossible.

–Ei, ei, ei, i per què no? A veure, per què no ens podem haver morrejat? –va dir el Camunyes, sense adonar-se que s'estava ficant en un embolic. Llavors va provar de retractar-se–. No dic pas que hagi passat, eh? Només dic que en teoria podria ser, o sigui, que no és impossible del tot, vaja, és el que penso jo. O no?

Ho va dir mirant la Marilyn, però ella ja no en volia saber res.

–Això s'acabarà fatal –va dir el Pessi.

–No podríem parlar-ne després de berenar? –va protestar el Tomeu–. No he menjat res des que hem sortit del bosc, i la meva mare diu que cada dues hores haig de menjar, perquè el meu cos necessita carbohidrats o no sé què!

No cal dir que ningú no en va fer cas.

Finalment ens vam girar cap a la Xantal i el Camunyes, que estaven vermells com tomàquets.

El dubte que teníem tots era el mateix i el Toni el va dir en veu alta:

–Esteu vermells perquè us fa vergonya, o esteu vermells perquè és veritat el que diu la pintada? –va preguntar.

El Toni s'havia plantat al davant del Camunyes, que el mirava esfereït.

–Jo, jo, jo... –deia el Camunyes, incapaç d'acabar la frase.

–Tu què? –li va preguntar el Toni, cada vegada més a prop d'ell.

–Quina..., quina bestiesa tot això de la pintada, eh? –va fer el Camunyes–. Quines ganes de fer la punyeta, de debò. Són ganes de tocar el que no sona.

La Xantal es va posar entre el Toni i ell.

–Crec que el més important és esbrinar qui ho ha escrit –va dir.

–Això vol dir que és veritat? –va preguntar el Toni.

–A tu què t'importa! –va replicar la Xantal.

–A mi m'importa el que m'importa –va fer el Toni.

–Exacte –vaig repetir–. Ja som dos.

–Tu no t'hi fiquis –va dir el Toni–, que no hi pintes res...

–I tu sí? –vaig preguntar.

El Toni es va girar i em va mirar de dalt a baix.

Semblava que m'anés a clavar una empenta, o una cleca, fins i tot un cop de puny. Estava tan empipat que per un moment vaig pensar que m'ho faria pagar a mi.

–No us baralleu –va dir el Camunyes–. Que és una bestiesa, tot plegat.

El Toni i jo ens vam girar cap a ell.

Jo no entenia què passava.

Em costava d'imaginar-me la Xantal fent un petó al Toni o a qualsevol altre.

Però..., al Camunyes?

Al Camunyes l'Orelles?

Al meu amic més amic?

No me'n sabia avenir, per més voltes que hi donés.

Em vaig girar cap a la Xantal, però ella va desviar la mirada. Crec que era el primer cop que ho feia, i per això encara em va semblar més estrany tot plegat.

El Felip i l'Alícia, que feia estona que ens observaven de lluny, se'ns van acostar.

–Molt bé, nois, ja n'hi ha prou. Em sembla que això no té cap importància i, a més a més, està nevant i fa un dia preciós... –va començar a dir la nostra entrenadora.

Però aleshores, el Felip, que intentava dissimular però es veia d'una hora lluny que allò del petó li feia gràcia, la va aturar amb el braç.

–Deixa que s'expliquin, tampoc no cal reprimir-los –va dir.

–Deixarem que una pintada que ha pogut fer qualsevol es converteixi en motiu de discussió? –li va preguntar la seva dona, o sigui, l'Alícia.

Que jo sàpiga, el Pla de Dalt és l'únic equip del món que té un matrimoni com a entrenadors.

D'ençà que s'havien casat, l'estiu anterior, l'Alícia i el Felip discutien molt sovint.

Però després es reconciliaven de seguida.

Eren molt pesats, de vegades.

–Mira't-ho d'una altra manera. Això també és un treball en equip, igual que la guerra de pintura: plantejar un problema i deixar que els membres de l'equip el resolguin entre ells, sense intervenir-hi, si no és per circumstàncies extremes –va respondre el Felip.

–El cor em diu que hi haurem d'intervenir molt aviat –va replicar l'Alícia.

Mentrestant, nosaltres continuàvem provant d'aclarir la situació.

–Jo me'n vull anar –va insistir el Pessi.

–Ho explicareu o no ho explicareu? –va repetir el Toni, mirant la Xantal i el Camunyes i assenyalant la pintada.

El Camunyes es va empassar la saliva.

I va remenar el cap.

El Toni va aixecar els braços.

–L'altre dia va passar una cosa molt divertida... –va començar a dir la Xantal.

Però en aquell mateix moment la va interrompre una veu:

–Us esperàvem.

Ens vam girar.

Era l'Esteve, el director de l'escola.

–Ja hi som tots –va dir.

L'acompanyava el Pep Llorenç, president de la Lliga Intercentres.

Tots dos somreien, feien cara d'estar molt contents.

–Entreu amb nosaltres. Un hem de donar una notícia importantíssima –va dir l'Esteve, radiant.

Cada vegada que el director deia que ens havia de donar una notícia, en passava alguna de grossa.

4

De vegades somio que camino cap a una porta i que a l'altra banda se senten murmuris i veus. Aleshores obro la porta i veig que hi ha molta gent asseguda, parlant, en un teatre molt gran. I al mateix moment que hi entro, tots callen de cop, se'm queden mirant i m'assenyalen... perquè vaig despullat.

És un somni espantós.

Anar despullat enmig d'una colla de gent vestida és una de les pitjors sensacions que he tingut mai.

Encara que sigui en un somni.

Aquell dia, sortosament, no anava despullat.

I tampoc no estava sol.

Vaig anar cap a la sala d'actes acompanyat de gairebé tots els de l'equip. El que sí que va passar de la mateixa manera que al somni, és que vam passar per la porta que donava a la sala... i vam trobar-hi tota l'escola que ens esperava.

Quan ens van veure entrar, se'ns van quedar mirant en silenci.

Hi ha haver murmuris. Pel que sembla, alguns ja estaven al corrent de tot, al contrari que nosaltres.

Quan anava a seure en un dels pocs seients lliures, l'Esteve es va girar cap a mi i em va dir:

–No, noi. Vosaltres pugeu a l'escenari amb mi. El que explicaré us afecta directament.

–L'última vegada que ens vas donar una notícia vam estar a punt de perdre la plaça a la Lliga Intercentres –va dir l'Alícia, mentre pujava els graons que duien a l'escenari.

–Quanta negativitat que veig, Alícia. Anima't, dona, que són notícies molt bones –va replicar el director, picant-li l'ullet.

–Boníssimes –va afegir el Pep Llorenç.

Un cop a l'escenari, ens van fer posar en fila al darrere de l'Esteve i el Pep.

El Pep va fer un signe, com si donés pressa a algú que estava fora de l'escenari.

Aleshores va entrar el Radu, el conserge, empenyent una taula amb rodes. A sobre hi havia un objecte voluminós tapat amb un llençol.

El Radu es va dirigir lentament al centre de l'escenari, nerviós perquè tothom el mirava, i va deixar-hi la taula.

–Us hem convocat a tots, pares, alumnes i veïns de Gironeta, per donar-vos una gran notícia: aquest Nadal celebrarem al nostre poble estimat el primer torneig estatal de futbol 7!! –va anunciar el director, com si hagués dit alguna cosa excepcional, i va posar-se a aplaudir.

Tothom el va imitar, però sense gaire entusiasme.

–Ara bé, la gran sorpresa d'aquest torneig de Nadal, el que no s'espera ningú, el secret més ben guardat de l'any, són els participants –va afegir aleshores el Pep, mentre avançava per posar-se davant del micròfon.

El Pep va fer un signe al Radu, el conserge de l'escola, que va estirar el llençol que cobria la taula i va deixar al descobert una pantalla de plasma enorme.

–Txatxan! –va fer l'Esteve.

A la pantalla va aparèixer un vídeo, o més aviat una presentació amb fotos.

Al primer rètol deia:

1r CAMPIONAT NADAL FUTBOL 7 GIRONETA

Es van sentir uns quants murmuris.

Però els rètols següents ho van canviar tot.

PARTICIPANTS:

En primer lloc va aparèixer l'uniforme blau i vermell del Barça i després un vídeo en què es veien els seus millors jugadors infantils en acció: com marcaven gols, guanyaven partits i aixecaven trofeus.

–El Barça! –va dir el Tomeu, admirat.

–Ostres! –va respondre el Camunyes.

Tots sabíem quin equip era, però així i tot en va sortir el nom a la pantalla:

F.C. BARCELONA

Va haver-hi un «Ooooooh» general. I aplaudiments.

–Vindrà a jugar el Barça, tu! –va fer el Toni, de qui tots sabíem que era mooolt culer.

En acabat va aparèixer un altre vídeo:

S'hi veia un noiet d'onze anys, menut, que feia malabarismes amb la pilota al mig d'un partit i marcava un golàs.

–El Pinyol! –vaig exclamar.

Em sabia de memòria aquelles jugades.

El Víctor Pinyol, davanter centre del Girona infantil. Sempre havia somiat de jugar-hi.

I ara, pel que sembla, el veuria en persona.

Se'm va posar una mica la pell de gallina quan va sortir l'escut i el nom de l'equip:

GIRONA

–Oooooooh!!! –vam tornar a fer tots.

Em vaig posar a aplaudir frenèticament.

–Així doncs, el Girona i el Barça vindran al nostre poble? –va preguntar el Tomeu, fent-se ressò del que pensàvem tots.

Però la cosa no es va acabar aquí.

Continuaven els xiu-xius entre el públic, i els gestos d'estupefacció.

I tot va arribar al límit quan va aparèixer el nom següent:

REIAL MADRID

Un murmuri general va recórrer la sala d'actes.

També coneixíem tots els jugadors infantils del Reial Madrid, que van sortir al vídeo de presentació.

La gent aplaudia de gust.

El Pep Llorenç va dir, aixecant la veu:

–I ara, el darrer participant del torneig!

Vam mirar la pantalla amb moltíssima expectació.

Les lletres van parpellejar.

I llavors va sortir el nom del darrer equip participant:

PLA DE DALT

Es va sentir un «EEEEH???».

El Pla de Dalt jugant amb el Madrid, el Barça i el Girona?

I al nostre poble?

El Pep i l'Esteve es van mirar, satisfets.

Després van començar a aplaudir i tothom s'hi va afegir en massa.

Entre els aplaudiments i els crits, a la sala d'actes es va armar un bon xivarri.

–Què us sembla, eh? Què us sembla? El Madrid, el Barça i el Girona! Tots aquí, al nostre poble! –repetia l'Esteve, eufòric, mentre ens mirava una vegada i una altra.

–El torneig tindrà forma de lligueta: tots contra tots, i se celebrarà en tres jornades, durant les vacances de Nadal –va continuar dient el Pep.

El públic va tornar a aplaudir. I van continuar així una bona estona, celebrant amb aplaudiments cada cosa que deien.

–Format de lligueta.

Aplaudiments.

–Tots contra tots.

Més aplaudiments.

–Tres jornades.

Aplaudiments ensordidors.

Fins que, al final, el Pep Llorenç va dir:

–Res més. Espero que ens veiem durant el torneig.

Hi va haver un darrer aplaudiment. I la gent va anar sortint de la sala d'actes.

Quan ens vam quedar sols amb l'Esteve i el Pep, els meus companys i els entrenadors els van escometre amb preguntes.

Jo no parava de pensar en una cosa.

–Jugarem amb el Girona! –vaig dir.

Sóc del Girona, jo. Tota la meva família és del Girona i tenim la casa plena de coses d'aquest club. I no conec ningú que sigui més del Girona que la mare.

I ara jo jugaria amb ells.

–Potser ens fitxaran i tot, Paket –va dir el Camunyes, parlant com aquells jugadors que surten a la televisió.

–A tu val més que et fitxi el Barça, que jo em quedo amb el Girona –li vaig dir.

–Com vulguis –va respondre, sense fer-me gaire cas.

El Felip parlava amb el Pep Llorenç.

–... són els campions infantils d'Europa –deia–, i els altres són campions de Lliga estatal, i són molt bons, i...

–Precisament –el va interrompre el Pep–. És una oportunitat per a vosaltres, i per al poble, i per a la Lliga Intercentres, i per a tots, Felip.

–Una oportunitat per fer el ridícul –va afegir-hi l'Alícia.

–Et recordo que l'estiu passat vau guanyar el torneig contra equips boníssims –va dir l'Esteve.

–Això va ser diferent –va replicar l'Alícia–. A més, mira la temporada que passem: hem perdut tots els partits de Lliga.

–Com se sol dir –va afegir el Pep–: el més important és participar. Heu de tenir esperit positiu, que és Nadal.

–I quan els hem de jugar, exactament, els partits del torneig? –va preguntar el Felip.

–Daixò...

L'Esteve i el Pep van canviar mirades.

–Doncs per Nadal, com indica el seu nom –va respondre l'Esteve.

–O sigui, que el primer partit... –va dir l'Alícia, espantada.

–El primer partit és d'aquí a tres dies –va afegir el Pep.

–Què?

–Com?

–Això és un disbarat! –va exclamar el Felip.

–Protesto! –va afegir l'Alícia.

–Ens esclafaran –va dir el Pessi.

–El Pep i jo ens hem encarregat en secret de les negociacions, i al final tot s'ha precipitat –va continuar dient l'Esteve.

–Un dia que dinàvem junts, quan érem a les postres, se'm va acudir una idea: «Escolta, Esteve, t'imagines el Barça i el Madrid jugant a Gironeta?» –va dir el Pep.

–I jo li vaig respondre, per què no? –va fer l'Esteve–. I una cosa va portar a l'altra, ves per on, i al final resulta que ho hem aconseguit. Quines coses, eh?

–Fa mesos que negociem amb la Federació, però fins ahir mateix no ens ho van confirmar –va aclarir el Pep.

–Voleu que us digui la veritat? Qualsevol entrenador i qualsevol jugador es moririen per jugar un torneig amb aquests equips –va acabar dient l'Esteve.

Vam estar una estona en silenci, observant-los.

La Marilyn va aixecar la mà.

–A veure, maca –va dir l'Esteve–. Què vols preguntar?

–Vosaltres dos sempre parleu així, a mitges, o ho heu assajat? –va preguntar ella molt seriosa.

Va haver-hi rialles i murmuris.

L'Esteve i el Pep es van mirar.

–Quina noia més bromista! –va exclamar el Pep.

–Parlen igual que els meus pares: l'un acaba les frases de l'altre –va dir el Camunyes.

El Felip anava a la seva.

–Tres dies per organitzar un torneig d'aquesta magnitud –va dir tot pensatiu–. És una bogeria. No tenim temps per preparar tàctiques, ni per practicar jugades, ni per absolutament res...

–Però quines tàctiques ni quins romanços! –va replicar el Pep–. Quina importància tenen dos dies, tres o quatre? Si són el Barça, el Madrid... i el Girona!! Us penseu que guanyareu? I ho dic amb tot el respecte, eh, que admiro molt el vostre coratge, el vostre esperit d'equip, el vostre... En fi, que això rai. El més important, com ja he dit, és participar i passar-ho bé...

–I el torneig per si mateix, és clar –va afegir l'Esteve.

–El torneig també, per descomptat –va dir el Pep.

–Perquè, a més a més, vindrà la televisió –va continuar dient l'Esteve.

–No us havíem dit que s'emetrà en directe per televisió? –va preguntar el Pep, amb un aire tot innocent.

–Però no passa res, eh? Vosaltres tranquils.

–Tranquils i a jugar a futbol, que és el vostre fort...

–Ja tornen a parlar així –va dir la Marilyn.

L'Esteve i el Pep van continuar dient que era una oportunitat per a nosaltres, i que aquestes coses només passen una vegada a la vida. Mentrestant, s'allunyaven pel passadís de la sala d'actes.

Però en el darrer moment es van girar.

–Ah, i una altra coseta –va fer el Pep.

–Una altra? –vaig exclamar.

–No res, un detallet sense importància –va dir l'Esteve–. A la Federació ens han posat una condició mínima per celebrar el torneig.

De sobte vam quedar petrificats.

En silenci.

–Ja ho sabia! –va fer l'Alícia.

–Jo també ho sabia –va dir el Pessi.

–L'última vegada que ens vas posar una condició gairebé perdem la plaça a la Lliga –va recordar el Felip.

–És un detallet insignificant –va dir l'Esteve, traient-hi importància.

–Una ridiculesa de no res... –va continuar dient el Pep.

–Si us farà gràcia i tot...

Però, francament, quan ens ho van dir no ens en va fer gens, de gràcia.

Gens ni mica.

–Francesc, no penso investigar qui ha pintat una bestiesa en una paret de l'escola –va dir el pare, perdent la paciència.

–Però, pare... –vaig començar a protestar.

–A qui li importa de saber qui s'ha morrejat amb la teva nòvia? –va dir el meu germà.

–No és cap bestiesa, és una cosa molt greu, i és mentida, i el més important..., que no és la meva nòvia! –vaig insistir.

Érem a la cuina, esmorzant.

Era un dels pocs moments del dia en què acostumava a estar reunida tota la família.

El pare va enfonsar un tros enorme de pa de pessic al cafè amb llet i se'l va posar a la boca.

La mare bevia suc de taronja, caminant d'una banda a l'altra i agafant coses tota l'estona.

–Para de donar la llauna al teu pare, Francesc –hi va ficar cullerada–, que vindrà el Girona aquí, al poble! Crec que ens hem de centrar tots en aquest tema... Jugaràs amb el Girona, nano!

Em va fer un petó.

I després va beure un bon glop de suc.

–Jugarà «contra» el Girona, que no és el mateix –va replicar el meu germà, que es dedicava a untar-se la torrada amb mantega, melmelada, xocolata i amb tot el que arreplegava.

–Ja, ja, això volia dir –va fer la mare.

–Però és que la pintada... –vaig insinuar.

–Ni pintada ni punyetes –va dir la mare–. A veure si ens ocupem del que ens interessa...

–Del torneig i del Girona –va afegir el pare.

–Justa la fusta –va concloure la mare.

Vaig arronsar les espatlles.

Encara no sabia que la pintada arribaria a ser una qüestió molt més important i que passarien moltes coses fins que descobríssim qui l'havia fet.

El Víctor es va acabar la torrada i va aprofitar l'avinentesa per insistir sobre allò que el preocupava en aquell moment:

Com és que aquest any no hem anat a esquiar el cap de setmana de Nadal, com fèiem sempre.

És per això que va dir:

–No entenc que precisament aquest any, que hi ha més neu que mai, no anem a esquiar.

–A veure, Emili, contesta al teu fill, que em sembla que aquí cadascú va a la seva i això no pot ser, eh? Això no pot ser...

I la mare se'n va anar de la cuina, cap al menjador o cap al lavabo.

El pare va mirar el Víctor i li va dir molt tranquil:

–Víctor, aquest any no anirem a esquiar. Treu-t'ho del cap. Recorda que ve el Girona, i...

–Sempre amb la mateixa murga del petitó i el seu equip de futbol, no s'hi val...

Ell també se'n va anar tot remugant.

Em vaig girar cap al pare.

Ens havíem quedat sols a la cuina.

–Saps què li passa, al Víctor? Que hi ha una noia de la seva classe que es diu Eli no sé què, i ella sí que va a esquiar...

–Ocupa't de les teves coses, Francesc –em va tallar el pare.

–Si ja me n'ocupo –vaig dir–, però és que això de la pintada...

–Si que t'ho has pres a la valenta, això de la pintada.

Es va posar dret.

I també va tocar el dos.

De manera que em vaig quedar sol a la cuina.

Amb els meus cereals i el meu got de llet.

Vaig sentir veus al passadís.

–Vull anar a esquiar i si no veniu vosaltres hi aniré tot sol! –protestava el meu germà.

–Víctor, no em contestis, que al final perdré la paciència! –va dir la mare.

Com que allà tothom cridava, jo també vaig aixecar la veu:

–El Víctor vol anar a esquiar perquè li agrada una noia de la seva classe que es diu Eli no sé què!

–Calla, tu! –va cridar el meu germà.

–Calleu tots! –va dir la mare–. Ni pintades, ni esquí, ni res! Tots concentrats, que ve el Girona, encara que sigui el Girona infantil!

–Però mare... –va provar de dir el Víctor.

–Ximpleries!! –el va tallar ella.

Tots sabem que quan la mare diu «ximpleries», s'ha acabat la discussió.

És com un codi familiar que coneixem tots.

Al cap d'una estona, el Víctor va treure el cap per la porta de la cuina i em va mirar.

Li vaig somriure amb cara de bon jan.

Ell, però, em va clavar una mirada que volia dir que allò portaria males conseqüències.

De fet, també ho va dir.

–Això portarà males conseqüències, petitó. No et pensis pas que la cosa s'acabarà així.

Un consell:

S'ha d'anar molt amb compte de no fer enfadar els germans grans.

7

Les set normes d'or:

1. Només hi ha fora de joc dins de l'àrea (a la resta del camp no existeix).
2. Màxim trenta segons de possessió per a cada equip sense xutar a la porteria contrària.
3. Si la pilota passa al camp rival, no la podem fer retrocedir fins al camp propi.
4. Per protestar una decisió de l'àrbitre o simular una falta, targeta groga i expulsió de dos minuts.
5. Per falta greu contra el rival, targeta groga i expulsió de dos minuts.
6. A la tercera targeta groga, targeta vermella i expulsió definitiva.

I l'última i més important:

7. L'àrbitre o els entrenadors poden sol·licitar tres vegades cadascun L'ULL DE FALCÓ.

Quan vam començar l'entrenament, encara no enteníem alguna de les normes noves.

–Ara resulta que per jugar a futbol també hem d'estudiar de valent –va protestar el Tomeu.

–Són quatre canvis en el reglament –va dir l'Aina.

–Ja, això ho dius perquè ets portera i a tu no t'afecta cap norma –va dir la Marilyn.

–I, a sobre, portera suplent...

–Au, va, ja n'hi ha prou –les va tallar l'Alícia.

Pel que sembla, la Federació havia accedit a celebrar el torneig amb la condició de provar unes regles noves que volien aplicar al futbol des de feia temps.

–Penseu que som pioners –va dir el Felip–. Som com els astronautes o els descobridors, els primers que trepitgem un planeta verge...

–Jo preferia les normes de sempre –va dir el Toni.

–Jo també.

–I jo...

–I jo...

–Au, vinga –els va tallar el Felip–. Teniu raó, però no podem fer-hi res. Vénen el Barça, el Girona i el Madrid. I a sobre no podem jugar com sempre, sinó que hem d'aprendre normes noves. I, per acabar-ho d'adobar, gairebé no tenim temps. A més, passem la pitjor temporada des que vam formar l'equip. I per si no fos prou, fa un fred que pela...

–Home, Felip, representa que ets l'entrenador i que ens has d'ajudar –vaig dir.

–Sí, sí, teniu tota la raó, som els entrenadors –va fer l'Alícia, mirant de reüll el Felip–. Us prometo que farem tot el que puguem...

–Doncs a mi m'agrada, això del camp enrere –va confessar la Xantal.

–Es pot saber què és? –va preguntar el Tomeu.

–Que si la pilota va a parar al camp rival, no la pots fer retrocedir fins al teu propi camp –va explicar la Xantal.

–És una manera de potenciar el futbol d'atac –va aclarir l'Alícia.

–És una manera de fer-nos tornar bojos –va dir el Pessi–. No sé què m'hi jugo que al primer partit enviarem la pilota al nostre propi camp, segur.

–Això no passarà, Pessi –va dir el Vuit–. Ho tenim molt clar.

–Ja ho veuràs, ja...

–En fi, em sembla que el millor que podem fer és jugar un partidet per provar una mica aquestes coses, a veure què –va concloure l'Alícia.

Érem al pati de l'escola.

Ens disposàvem a jugar un partidet d'entrenament.

Ens vam dividir en dos equips.

I va començar el joc.

Resumiré aquell entrenament:

Un desastre total i absolut.

No vam ser capaços de fer ni una sola jugada d'atac.

Vam fer camp enrere diverses vegades.

Cada dos per tres, algú s'aturava per preguntar alguna cosa al Felip o l'Alícia.

–Així doncs, puc fer una passada enrere en el mateix camp?

–Com sabem quants segons fa que tenim possessió de la pilota?

–Què és exactament això de l'Ull de Falcó?

L'Ull de Falcó.

Era la principal novetat del torneig.

La tècnica més moderna aplicada a l'esport.

A qualsevol esport.

–Segur que ho heu vist alguna vegada als partits de tennis –va explicar el Felip.

–És un pla enregistrat de dalt estant, i que es pot repetir a càmera superlenta per veure si la pilota ha anat a dins o a fora de la línia –va afegir l'Alícia.

–Ah, sí, ho he vist quan juga el Rafa Nadal –va dir el Camunyes.

–Exacte –va afirmar el Felip.

–Doncs és el mateix –va dir l'Alícia–, però serveix per veure si hi ha hagut fora de joc, o si la pilota ha entrat a la porteria, o si ha estat falta...

Tots vam girar els ulls cap al cel.

–Però aquí no hi ha càmeres, ni res –va dir la Marilyn, estranyada.

En aquell mateix moment es va sentir un brogit terrible darrere nostre.

8

Va aparèixer un camió enorme amb una grua al darrere.

I al darrere de la grua, sis o set furgonetes negres.

Tot al mig del pati de l'escola.

Van aparcar davant mateix del camp de futbol.

I tot seguit van començar a baixar dels vehicles un munt de tècnics i operaris. Allò semblava un exèrcit.

De seguida van comparèixer l'Esteve i el Pep, que parlaven amb els operaris com si els coneguessin de tota la vida.

–Heu vist quin desplegament? –va dir el Pep tot orgullós–. L'ultratecnologia arriba a Gironeta! Això és el futur! És l'Ull de Falcó!

–Ja ho veig –va dir el Felip, empassant-se la saliva.

L'Esteve es va escurar el coll i va posar-se a parlar com si estigués fent una de les seves classes de ciències.

–Es tracta d'un programa informàtic que calcula la posició en 3D de la pilota, a partir de dues càmeres, com a mínim, que han captat una imatge simultàniament. En acabat, d'acord amb les lleis físiques, s'interpolen les diferents posicions calculades per recrear la trajectòria que segueix la pilota i la seva interacció amb l'àrea de joc.

Tots ens vam quedar mirant-lo com si parlés en japonès.

–Es fa servir per evitar gols fantasma –va aclarir l'Esteve.

–I per a un munt de coses més, ja ho veureu –va afegir el Pep.

Sense esperar ni un segon més, els tècnics van posar-se a treballar a tota velocitat.

Nosaltres, és clar, vam haver de sortir del camp.

–Així no hi ha manera d'entrenar –va protestar l'Alícia.

Però ningú no li feia cas.

Tots miràvem els operaris i la grua que instal·lava el famós Ull de Falcó.

Abans de res, van col·locar dues grues al damunt de cada porteria. De cada grua en penjaven quatre càmeres: dues per sobre del travesser i dues més al davant i al darrere. De cada grua també en sortien un munt de cables de diversos colors, que altres tècnics feien arribar fins a un tauler de control molt gran.

Al damunt del tauler, que van cobrir amb un tendal de color verd, hi havia dos ordinadors i tres monitors gegants on es veia una animació que representava la porteria des de diferents angles.

Però no s'acabava aquí, la cosa.

Una altra grua descomunal, molt més alta que les anteriors, va entrar al camp sobre el remolc d'un camió enorme.

El camió es va aturar davant de la línia de banda i el braç de la grua va començar a estirar-se cada vegada més i més, fins que va quedar a cosa de deu o quinze metres per damunt de terra.

Tots vam aixecar els ulls i vam veure que a l'extrem de la grua hi havia muntades diverses càmeres.

–Això què és, exactament? –va preguntar l'Esteve, fent-se l'interessant, a un operari que semblava el cap.

–La grua mare –va respondre l'home, concentrat en la feina.

–Ah, és clar –va fer l'Esteve, com si sabés de què parlava.

–Flipant –va dir el Camunyes, resumint el que pensàvem tots.

–Podrem continuar entrenant, o què? –va preguntar l'Alícia.

–Em sembla que no. Aquest material és molt complicat i caríssim, i no puc permetre que una colla de criatures hi estigui tan a la vora.

–Ah, molt bé –va dir l'Alícia, enfadada–. Sap què li dic: que molt bé.

Va fer mitja volta i va tirar cap al vestidor.

–Alícia, no et posis així –va dir-li el Felip, tot anant-li al darrere.

–Ja tindreu temps per entrenar, home –va dir l'Esteve. I ell també va marxar seguint els passos del Felip.

–No te'n vagis, Esteve, que això és increïble –va dir el Pep, que no va marxar al darrere de ningú, sinó que es va quedar al mig del camp contemplant aquelles càmeres penjades a les grues.

–Mola –va fer el Toni.

–Ens fan servir de conillets d'Índies –va dir la Marilyn.

–A mi m'encanta ser un conillet, tenint l'ull aquest –va replicar el Camunyes.

Era molt estrany veure tot allò a la nostra escola, francament.

En vint-i-quatre hores encara no, les coses havien fet un tomb radical.

Jugaríem un torneig amb tres equips impressionants.

A més, seríem els primers que provaríem l'Ull de Falcó en un camp de futbol.

I no caldria ni que sortíssim de l'escola.

–Què en penses de tot això, Paket? –em va preguntar la Xantal, posant-se al meu costat.

Anava a contestar-li.

Però llavors vaig veure el Camunyes, que també estava al costat d'ella.

I de sobte em vaig oblidar del torneig, de l'Ull de Falcó i de tot.

Només podia pensar en una cosa.

Exacte:

El Camunyes i la Xantal s'havien fet un petó.

O no?

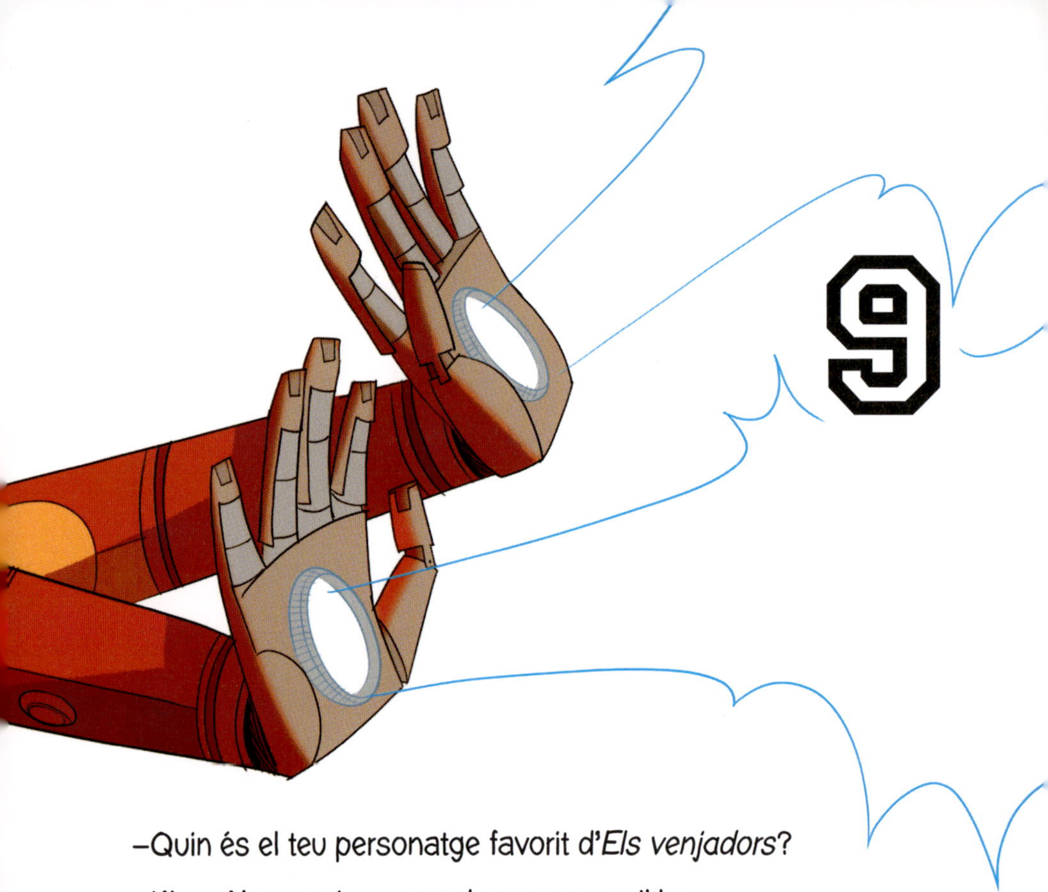

9

–Quin és el teu personatge favorit d'*Els venjadors*?

–L'Iron Man –vaig respondre sense vacil·lar.

–L'Iron Man no val perquè és el favorit de tothom. Ha de ser un altre –va dir la Xantal.

–Doncs, a veure..., el Loki –vaig fer, en un segon intent.

–El Loki és dels dolents –va replicar ella, fent una ganyota estranya–. A més, no és d'*Els venjadors*.

–He pensat que era de la sèrie, així, en general.

–Doncs no...

–O sigui, que ha de ser d'*Els venjadors*. I dels bons, vols dir?

–Això mateix –va respondre la Xantal.

–No puc escollir el que vulgui? –vaig preguntar.

–Sí..., però no. No ben bé –va respondre ella.

–Ostres, no t'entenc! –vaig dir, rendint-me.

–Ets un cas, Paket –va dir ella, somrient.

Què feia la Xantal a casa meva parlant d'*Els venjadors*?

Doncs va passar això, senzillament:

Quan érem al pati, el Toni es va acostar a ella i al Camunyes i els va dir davant de tothom:

–Què? Explicareu d'una vegada allò del petó, o què?

Al Toni li passava el mateix que a mi.

Volia saber si era veritat o no.

L'única diferència és que el Toni és una mica més directe que jo.

A ell, pel que sembla, no li fa res preguntar les coses.

El cas és que la Xantal va dir:

–És clar que no, quina bestiesa.

Va girar en rodó i em va dir:

–Paket, anem a estudiar a casa teva, que la teva mare ens espera.

Que jo sabés, la mare no ens esperava pas, ni havia quedat amb la Xantal per estudiar, ni res.

Però no cal dir que vaig mirar-la i vaig fer:

–Som-hi.

I vam anar-nos-en cap a casa meva.

No vam estudiar gaire, francament.

La mare no hi era; ja he dit que aquests dies està molt ocupada a la botiga de regals.

Així doncs, ens vam passar la tarda mirant capítols de la sèrie de dibuixos *Els venjadors*.

Ella, evidentment, no va dir ni una paraula de la pintada, ni del Camunyes.

En cert moment, mentre miràvem un dels capítols, em vaig quedar mirant-la de reüll uns quants segons.

–Què mires, Paket? –va preguntar en adonar-se'n.

–No res, no res... –vaig fer.

–Alguna cosa devies mirar –va insistir.

–No, no, de debò –vaig dir–. Tot just és que..., això de la pintada. Qui ho deu haver fet? S'ha de ser molt idiota per inventar-se una cosa així, no trobes?

La Xantal no va badar boca.

Es va girar.

I després em va mirar.

–Mira, Paket, et vull dir una cosa –va fer molt seriosa–. Però si ho expliques m'enfadaré moltíssim.

–Et prometo que no ho diré a ningú.

–Molt bé, doncs... No sé pas com va passar..., i a més va ser una bestiesa..., i no vull que pensis el que no és..., però el cas és que..., el Camunyes i jo..., o sigui, que sí...

–Que sí què?

–Doncs això, que el Camunyes i jo ens vam fer un petó.

Què!?

La Xantal amb X i el meu amic més amic, el Camunyes, s'havien fet un petó.

Va continuar parlant i va dir que no tenia importància, que el més important era descobrir qui havia fet la pintada, i també va dir altres coses. Però ja no l'escoltava.

La Xantal amb X i el Camunyes.

Vaig quedar garratibat.

Com si no pogués moure ni un múscul.

Com si m'haguessin donat una martellada al cap.

–Qui? –em va preguntar la Xantal.

–Eh? –vaig fer.

–Que qui creus que ha estat?

En lloc de contestar-li vaig dir:

–Em pensava que això del petó era mentida.

La Xantal se'm va quedar mirant.

–No té importància, Paket.

–Ja, ja –vaig fer.

I vam estar una estona callats.

Mirant-nos.

En aquell moment es va obrir la porta de cop i va entrar el meu germà, rient.

–Paket, no tens ni idea del que acabo de veure al Facebook... Xantal, no sabia que hi eres, quina sorpresa: això t'afecta directament... La foto de la pintada s'ha fet famosa i surt a tots els murs!!

El meu germà ens va ensenyar la seva tauleta.

A la pantalla vam veure que hi havia, efectivament, una foto de la pintada «La Xantal i el Camunyes s'han fet un petó» i un munt de comentaris, i també fotos de tots dos, i la gent semblava que s'ho passava la mar de bé amb el tema, publicant bromes, reenviant-les i compartint un fotomuntatge en què es veia la Xantal i el Camunyes petonejant-se fins que explotava la pantalla.

–Qui ho ha penjat, això? –va preguntar la Xantal, molt enrabiada.

Vaig mirar el Víctor, que va arronsar les espatlles.

–Ei, que no he estat jo –va dir.

La Xantal va agafar la tauleta i va començar a moure-la d'un costat a l'altre, com si anés a tirar-la a terra.

–Això és... –va fer–, això és...

Ni el Víctor ni jo no gosàvem badar boca, si bé el meu germà mirava la tauleta com volent dir «vigila què fas».

En acabat, la Xantal se'n va anar cap a la porta, la va obrir i va dir, un moment abans de sortir al carrer:

–Hi ha gent que, francament...

Va deixar la tauleta al prestatge de l'entrada i va tocar el dos.

–Quin caràcter que té, la teva nòvia –va dir el Víctor.

–Que no és la meva nòvia!

10

–Recorda't del Milinko –va dir l'Alícia

Em vaig girar cap a ella.

I no em vaig atrevir a preguntar qui era aquell Milinko.

Érem al camp de futbol.

L'Alícia semblava molt concentrada, mirava cap amunt i repetia el mateix.

–Recorda't del Milinko.

Em vaig girar i, a uns quants metres, vaig veure els meus companys d'equip asseguts al centre del camp, que esperaven dues coses:

Que arribés el Felip.

I, per damunt de tot, que uns tècnics acabessin de muntar una altra càmera i ens deixessin entrenar d'una vegada.

El camp continuava assetjat per la maquinària de l'Ull de Falcó.

–En comptes de posar-hi tantes càmeres podrien arreglar una mica el camp, oi? –va dir la Xantal.

Les grades eren de ciment i estaven molt tronades.

Com que el camp era de terra, a l'hivern, quan plovia una mica, s'omplia tant de fang que gairebé no s'hi podia jugar.

I les porteries no tenien xarxes. Només les posaven en els partits importants.

–És per culpa de la crisi –deia sempre l'Esteve.

–He sentit que l'escola es vendrà el camp de futbol perquè no té diners per conservar-lo –va dir el Pessi.

–Com vols que se'l venguin? Això és impossible. Ho prohibeix la llei, o una cosa semblant, oi? –va replicar l'Aina, mirant l'Alícia.

Havíem de jugar contra els equips més bons del país.

Havíem perdut tots els partits de Lliga.

Gairebé no havíem entrenat.

I, per si no fos prou, el camp era ple de tècnics i no es podia ni passar.

Mentrestant, l'Alícia continuava mirant cap al cel.

–Recorda't del Milinko –va repetir.

Allò devia ser una tècnica de motivació, o vés a saber què.

L'entrenadora per fi va abaixar la vista.

I em va mirar.

–Saps de qui parlo? –em va preguntar.

Vaig negar amb el cap.

–Del Milinko Pantić, una figura del futbol.

Vet aquí la història del Milinko Pantić:

Ara fa molts anys, hi havia un jugador serbi menut i una mica calb que jugava en un equip desconegut, a Grècia, i mai no havia destacat gaire.

Un entrenador nou de l'Atlètic de Madrid va dir que volia fitxar aquell jugador anomenat Milinko Pantić. Tothom li va dir que si s'havia begut l'enteniment, que com s'entenia que volgués fitxar un jugador que no coneixia ni sa mare, si podia recórrer a d'altres de molt més famosos.

Però l'entrenador confiava en el Pantić i volia fitxar-lo tant sí com no.

–És el jugador que més ens convé –deia.

Al final, el president de l'Atlètic va fitxar el Pantić, no gaire convençut, posant una condició al contracte: «Si no rendeix, li pagues tu».

L'entrenador, que també era serbi i tenia molta fe en aquell jugador, va acceptar.

Quan va començar la Lliga, ningú en donava ni cinc, pel Milinko.

Però llavors va passar el que no s'esperava ningú:

El Milinko Pantić es va convertir en el cervell de l'equip.

Feia passades.

Xutava les faltes.

Movia l'equip.

Ho feia tot bé.

I va aconseguir el que no havia aconseguit ningú: per primera vegada a la seva història, aquell any l'Atlètic de Madrid va guanyar el doblet: campió de Lliga i de Copa.

A part d'això, el Pantić va marcar el gol decisiu a la final de la Copa contra el Barça.

I gràcies a les seves centrades, l'Atlètic aquell any va fer un munt de gols.

–Ningú no el coneixia, ningú no hi creia –va continuar dient l'Alícia–, però es va convertir en un heroi per una sola raó.

–Perquè era boníssim? –vaig preguntar.

–No –va fer l'Alícia.

–Perquè era de l'Atlètic?

–No.

–Perquè era serbi?

–No.

–Perquè era mig calb?

–No.

–Perquè jugava en equip?

–No. En fi, això també, però per alguna cosa més.

–Daixò...

–Escolta –va dir l'Alícia, acostant-se'm–: perquè el seu entrenador hi va confiar quan no ho feia ningú, i li va dir les paraules màgiques: «Tu ets les meves cames a dins del camp».

–Ah.

L'Alícia em va posar una mà a l'espatlla i em va dir:

–Paket.

–Sí?

–Tu ets les meves cames a dins del camp.

Em vaig empassar la saliva i em vaig quedar mirant l'Alícia.

–Faré el que pugui –vaig dir.

–Ja ho sé –va fer ella.

En aquell moment va arribar corrent el Felip.

–On us havíeu ficat? –va preguntar l'entrenador.

–I tu? –va replicar l'Alícia.

–A l'Ajuntament ens esperen! –va dir el Felip–. A tots!

–Però si hem d'entrenar! –va protestar ella.

–Ja, ja, a mi em fa la mateixa gràcia que a tu, però l'Esteve... i el Pep Llorenç..., hem d'anar a l'Ajuntament, Alícia, no m'ho posis més difícil.

De manera que vam emprendre la marxa.

Abans de sortir del camp, l'Alícia es va girar cap a mi.

I em va murmurar:

–Recorda't del Milinko.

11

–Hem de guanyar el torneig.

–Ja, ja, és clar. Si hi juguem hem d'intentar guanyar tant sí como no, però és molt complicat. A part d'això, el més important és participar-hi...

L'Esteve va tallar en sec l'Alícia i va afegir:

–No, no m'has entès. Hem de guanyar tant sí com no.

Ella anava a preguntar-li alguna cosa, però no van poder continuar perquè la Casa de Cultura de l'Ajuntament estava de gom a gom, i de l'escenari estant algú cridava a tothom de l'equip.

–Vinga, vinga, pugeu d'una vegada! –va dir el Pep Llorenç, fent-nos signes.

Les dues primeres files de la sala d'actes eren plenes de periodistes i al darrere dels seients arrenglerats hi havia un munt de càmeres col·locades l'una al costat de l'altra.

A l'escenari també hi havia l'alcalde de Gironeta, que es diu Gustau Ferrada i és molt alt, té barba blanca, és metge i no li agrada gens el futbol.

Ens vam endur una bona sorpresa en veure que també hi havia els nostres rivals del torneig de Nadal: els jugadors del Girona, el Barça i el Madrid.

Els tres equips sencers.

Vestits amb xandall.

–Ja era hora –va dir l'alcalde.

Totes les càmeres i tots els micròfons ens van apuntar, mentre els jugadors dels altres equips feien bromes i reien.

Nosaltres també vam pujar a l'escenari.

L'alcalde va dir que era un honor per al poble acollir aquell torneig i que era un moment molt important, i va dir moltes coses més, però em sembla que ningú no en feia gaire cas.

El Pep i l'Esteve es miraven, nerviosos.

Sabien que se'n preparava alguna.

Em vaig fixar en un detall.

Assegut a la primera fila, la mar de mudat amb corbata i tot, hi havia el pare del Toni.

L'Antoni Barnils és l'empresari més important de Gironeta. Té una fàbrica de patates rosses que es distribueixen per tot Espanya i em sembla que també per tot Europa, i crec que per alguns llocs d'Àsia.

L'any anterior havien tingut alguns problemes, fins i tot deien que havien estat a punt de tancar.

Però es veu que havien trobat inversors nous i Patates Barnils tornava a ser un negoci d'allò més pròsper.

Al pare del Toni l'hem vist poques vegades a l'escola; mai no ve als partits ni a les reunions de l'AMPA, perquè representa que està molt ocupat. Sempre és a la fàbrica o de viatge de negocis.

L'alcalde, que continuava parlant, va aixecar la mà i va dir:

–Abans de passar a les preguntes de la premsa us hem de donar una notícia. Puja, Antoni, si us plau.

El pare del Toni va pujar a l'escenari, entre els aplaudiments d'algunes persones del públic.

–L'Antoni Barnils, senyores i senyors –va dir l'Esteve, que també aplaudia la mar de content.

El Toni va quedar una mica estranyat.

Molt estranyat, de fet.

–Tu saps de què va, això? –li va preguntar la Marilyn.

–Sí..., sí..., és clar –va dir orgullós. Però es notava que no en tenia ni idea.

El Felip i l'Alícia van interrogar amb la mirada l'Esteve, però no hi havia temps per a explicacions.

Els jugadors dels altres equips també es van mirar els uns als altres.

El pare del Toni va saludar tots els presents:

–Gràcies, moltes gràcies –va dir–. El més important de patates Barnils, tot i que és una empresa multinacional que ven a vint-i-tres països i és líder del sector, és que en el fons som

una petita gran família. I, per descomptat, el poble de Gironeta és una part essencial d'aquesta família. És per això que vull anunciar dues coses molt importants, en aquestes dates tan assenyalades...

Era evident que li encantava parlar davant dels periodistes.

–El teu pare s'enrotlla com una persiana, eh? –va dir el Camunyes.

El Toni li va clavar una mirada assassina, però em sembla que pensava el mateix.

– ...és per això, com deia, que us vull donar dues notícies: la primera, que patates Barnils patrocinarà l'equip del Pla de Dalt en aquest magnífic torneig de Nadal.

L'Esteve va ensenyar una samarreta amb ratlles blaves i negres, com la que portem sempre, però que duia estampat el logotip de patates Barnils.

Tothom va aplaudir.

Llevat dels jugadors dels altres equips, que murmuraven i reien. Es veu que allò de les patates els feia molta gràcia.

El Toni no sabia quina cara fer. Em sembla que passa molt sovint que els nostres pares ens avergonyeixen davant dels altres. I la cosa més increïble és que no se n'adonen mai.

–I en segon i darrer lloc, us haig de donar una sorpresa –va continuar el pare del Toni–. Suposo que tots deveu haver sentit els rumors que l'Ajuntament no pot conservar les instal·lacions esportives municipals i té intenció de vendre-les...

–No, no... I ara! –va saltar el Ferrada. Sense deixar de somriure, evidentment–. Passem per una situació

delicada? Sí. Tancarem les instal·lacions esportives? I tant que no. Almenys de moment.

Però el pare del Toni va continuar parlant com si l'alcalde no hagués obert la boca.

–De manera que, com a regal de Nadal destinat al nostre poble, i per motivar el nostre magnífic equip de futbol... Patates Barnils pagarà la conservació i les reparacions de totes les instal·lacions esportives municipals i escolars!!

Ara sí que se'n va armar una de grossa, a l'auditori. Tothom aplaudia, i el mateix alcalde semblava a punt de tenir un atac.

El pare del Toni va moure les mans per demanar silenci i va acabar el seu discurs.

–Això sí: ho farem amb una sola condició: que el Pla de Dalt guanyi el torneig.

L'Esteve va mirar l'Alícia i ella per fi va entendre què volia dir.

«Hem de guanyar el torneig», va dir entre dents l'Esteve.

12

El Barcelona, el Girona i el Reial Madrid contra el Pla de Dalt: el darrer classificat de la Lliga Intercentres de la comarca.

Vet aquí la situació, si fa no fa.

–És una motivació extra –va dir el Pep Llorenç, provant de ser optimista.

–És una manipulació –va replicar el Felip–. S'ha aprofitat de la presència de la premsa per quedar bé i fer-se publicitat. Prou que sap que és impossible que guanyem el torneig.

–Home, tampoc no és impossible del tot –va insinuar l'Esteve.

Després de donar la notícia, l'Antoni Barnils se'n va anar i ens va deixar a tots amb la paraula a la boca.

–És com als Mundials –va dir el Toni, defensant el seu pare–. Si guanyen, els jugadors reben una prima. I si perden no els donen res.

–Ja –va fer la Xantal–, però aquí no parlem de primes, sinó d'una cosa que el poble necessita. I jugar amb això no està gens bé, a més...

Mentre parlàvem, a la porta de la Casa de Cultura van aparèixer els jugadors dels altres equips.

Allà els teníem, al nostre poble: els jugadors del Girona, del Barça, del Reial Madrid...

Però...

Un moment!

Va ser aleshores que me'n vaig adonar.

Per culpa de les presses, no m'havia fixat en un detall molt important.

No reconeixia cap dels jugadors.

Havia vist molts partits seus de la Lliga Infantil i del campionat d'Europa. I els coneixia molt bé a tots. No obstant això, allà no en veia cap dels que hi jugaven habitualment.

–On para el Tarrés, el porter del Barça? –va preguntar el Camunyes.

–I el Bueno, el davanter del Madrid? –va preguntar la Marilyn.

–I l'Anna Valls, la golejadora del Girona? –vaig preguntar.

–Però vosaltres qui sou? –va preguntar el Tomeu.

–Un moment, un moment –va intervenir una dona corpulenta,

que segons sembla era la delegada del Madrid-. Es pot saber què passa?

–Doncs passa que aquests no són els jugadors del Madrid –va respondre el Camunyes.

–Ni els del Girona –vaig dir jo.

–Exacte, ni tampoc els del Barça –va afegir la Xantal.

L'Esteve, com sempre, va provar d'intercedir-hi:

–Però què us empatolleu? És clar que ho són. Oi que sí?

Però al contrari del que s'esperava l'Esteve, ningú no va respondre.

Hi va haver un moment de silenci.

El Pep Llorenç es va avançar un pas:

–I tant que són els jugadors del Girona, del Barça i del Madrid. El que passa és que aquests equips tenen molts jugadors, com és normal, i potser no els coneixeu a tots.

–Han fet venir els suplents –va dir el Vuit.

–Total, per guanyar-nos a nosaltres n'hi ha prou i de sobres amb els suplents –va dir el Pessi amb un esbufec.

–No, no som pas els suplents –va respondre un noi que duia un xandall del Barça.

–Qui sou, doncs? –va preguntar el Camunyes.

El noi el va mirar desafiador i va dir:

–Els titulars.

I va afegir:

–Del quart equip.

Què?

Els del Barça havien fet venir els jugadors del quart equip per jugar el torneig?

–És que els del primer equip, els del segon i els del tercer no podien venir –va aclarir el noi.

–A nosaltres ens ha passat el mateix –va dir la delegada del Madrid.

–I a nosaltres també –va explicar un home amb patilles llargues, que segons sembla era l'entrenador del Girona.

–A veure, a veure –va dir l'Esteve–. Un torneig tan important com aquest i fan venir jugadors de quarta? Com pot ser? Pep, en diu alguna cosa, el contracte, d'això? Podem denunciar-los? I el més important de tot: quants equips té cada club, si es pot saber?

Evidentment, Gironeta només té un equip.

I allà hi érem tots els jugadors.

Tots nou.

Disposats a jugar el torneig de Nadal i provar totes aquelles regles noves i absurdes gairebé sense entrenar.

Els altres equips, però, havien fet venir els suplents dels suplents dels suplents. Més o menys.

–Això és inacceptable –va dir l'Esteve–. És un insult al poble i al torneig, és un atac que no podem tolerar.

–Haig de dir-ho al meu pare –va fer el Toni.

–Però, per molt que siguin del quart equip, encara són cent vegades més bons que nosaltres –va repetir el Camunyes.

Per un moment ens vam quedar tots a la porta, sense saber què fer ni què dir.

Mentre uns donaven i demanaven explicacions, vaig veure que un dels del Girona em mirava.

–Hola, sóc l'Isidre –em va dir.

–Molt de gust. Jo sóc el Francesc, però tots em diuen Paket –vaig respondre.

Semblava molt amable.

I jugava al Girona.

El meu somni.

Llavors se'm va acostar més i em va dir:

–Escolta, Paket...

–Què?

–Que el teu amic té raó, que encara que siguem del quart equip us destrossarem igualment. Us menjarem de viu en viu.

Em vaig quedar glaçat.

I vaig mirar al voltant, per veure si algú més l'havia sentit.

Però tots continuaven discutint.

Vaig mirar l'Isidre, que somreia i feia cara de bon jan.

I vaig pensar que potser no l'havia sentit bé.

Per si de cas hi havia algun dubte, em va mirar i em va fer un signe passant-se la mà pel coll, com volent dir: «esteu ben llestos».

Vaig tenir ganes de fugir corrents.

Però no podia, estava envoltat de gent pertot arreu.

Els meus companys.

Els rivals.

I tothom discutia amb tothom.

Nadal.

Temps de pau i d'amor.

L'endemà era la vigília de Nadal.

És a dir, el dia del primer partit del torneig.

13

Resumint:

Ara resulta que si guanyàvem era perquè els rivals havien fet venir jugadors de quarta categoria.

I si perdíem, a sobre faríem el ridícul, ja que jugàvem contra els suplents dels suplents dels suplents.

–No t'ho prenguis així, Paket –va dir la mare–. El més important és que guanyi el Girona, i vosaltres..., doncs..., vosaltres feu el que pugueu en la mesura de les vostres possibilitats.

Ho deia molt seriosament, la mare.

Per a ella, el Girona estava per damunt de la resta.

El partit inaugural del torneig va ser: Reial Madrid – Girona.

Després jugaríem nosaltres contra el Barça.

Ens en vam adonar des del començament, que la cosa estava peluda. Devia ser una broma, que eren jugadors del quart equip.

Corrien com màquines.

Es movien perfectament sincronitzats.

Tenien un munt de jugades convingudes.

Pressionaven en bloc.

Xutaven a porteria des de qualsevol lloc...

Vaja, que eren dos senyors equips.

Tot i que jugaven molt bé, gairebé no va haver-hi ocasions de gol en tot el partit, ja que les defenses eren dures, fèrries, impenetrables.

I el més important de tot:

Al minut dotze de la segona part va passar el que ja es veia venir.

Nosaltres sèiem a la grada, mirant el partit com uns aficionats més.

Davant meu tenia el Camunyes i la Xantal.

No podia parar de pensar en allò que m'havia dit la Xantal a casa meva.

Tot i que érem al mig del torneig, no m'ho podia treure del cap.

De sobte va sonar una sirena.

Un soroll ensordidor.

I tothom va quedar petrificat.

La mare, que seia darrere meu, va fer un bot i un crit tan fort que vaig pensar que em quedaria sord.

–AAAAAI, què és això? –va exclamar.

–Sembla un vaixell en el moment de salpar –va dir l'Aina, tapant-se les orelles.

En sentir la botzina, l'àrbitre es va acostar a la taula on hi havia els operaris i els va fer un signe amb la mà.

Era allò.

Per fi.

Ara veuríem en acció el famós Ull de Falcó.

Algú ho havia demanat.

Es va engegar la pantalla principal i va començar una animació en 3D que reproduïa el camp.

–És com una pel·lícula de dibuixos animats, però els dibuixos són els mateixos jugadors –va dir la Xantal, molt atenta.

L'animació en tres dimensions va ensenyar des d'angles diferents la jugada polèmica, una falta d'un defensa del Reial Madrid a un davanter del Girona.

Els uns reclamaven penal.

D'altres deien que no l'havia ni tocat.

Llavors, gràcies a l'Ull de Falcó, vam veure ben clar com el central del Madrid, l'Okabele, engrapava per la samarreta el davanter del Girona.

L'agafava, però fora de l'àrea.

No tenien raó ni els uns ni els altres.

L'Ull de Falcó no s'equivocava pas.

–Falta sense barrera –va decretar l'àrbitre, convençudíssim.

–M'encanta, l'ull aquest –va dir la mare–. Ja en podríeu fer servir un a la policia, vosaltres.

El pare la va mirar de reüll.

Després d'allò no sé què més va passar, ni tampoc no sé si van recórrer més vegades a l'Ull de Falcó, perquè nosaltres vam anar al vestidor per preparar-nos per al nostre partit.

–Ja has vist que allò del camp enrere és un embolic –va dir el Pessi–. Fins i tot els del Madrid s'han equivocat unes quantes vegades.

–I s'ha de xutar de seguida, que els trenta segons passen volant –va dir la Marilyn.

Mentre acabàvem de canviar-nos, el Felip ens va informar que el partit inaugural havia acabat amb un 0 a 0.

–Aquest resultat és bo per a nosaltres, oi? –va preguntar el Tomeu.

–Si guanyem el Barça, sí –va respondre la Xantal.

Ja.

Si guanyem el Barça.

14

El bram del públic.

Així en deien els periodistes esportius.

Tothom crida alhora i sembla que se senti només un sol crit; el bram del públic. Mesos enrere, no teníem ni idea de com seria una experiència semblant.

Però ens havien passat tantes coses, als Futbolíssims, que aquell brogit ja començava a resultar-nos familiar.

De totes maneres, mai no havia sentit un clam com el que vaig sentir en saltar al camp per jugar contra el Barça.

Aquell primer dia de torneig hi havia gairebé dos mil espectadors a les graderies.

Gairebé la quarta part dels habitants de Gironeta.

El meu pare era a peu de camp, donant instruccions als dos policies que li havien enviat de reforç, la Llompart i el Camps. La Llompart era una policia rossa i molt jove, i el Camps era morè, alt i encara més jove, i tenia la cara plena de grans. Tots dos eren agents en pràctiques.

–M'han fet venir un parell de criatures acabades de sortir de l'acadèmia. Només em faltava aquesta –va dir el pare, quan se'n va assabentar.

Els dos agents l'escoltaven amb atenció i li deien que sí a tot.

–Si passa res, em truqueu a mi primer –els va ordenar el pare.

–Sí, senyor.

–Sí, i tant.

–I no em digueu *senyor*, digueu-me Emili, que això no és l'exèrcit. Som policies municipals.

–Sí, senyor Emili –va dir el Camps–. Ui, perdó, això de *senyor* se m'ha escapat.

A la grada, la meva mare s'havia tret la samarreta del Girona i s'havia posat la del Pla de Dalt, amb la publicitat de Patates Barnils.

El pare del Toni, aquell matí, havia repartit un munt de samarretes per totes les botigues del poble.

Quan vam saltar al camp, els de Gironeta es van posar drets, amb les seves samarretes blaves i negres, i van començar a fer bots i crits com si fossin bojos.

Pla de Dalt!

Pla de Dalt!

Va, va, va!

Els del Barça estaven d'allò més tranquils, com si passessin olímpicament d'aquell rebombori.

–Semblen molt concentrats, aquests –va dir el pare del Camunyes, que s'havia assegut amb la meva mare.

Després van començar les presentacions.

Van presentar els equips.

El torneig.

Les normes noves.

I fins i tot van presentar l'Ull de Falcó.

Devia durar cinc minuts escassos, però se'ns van fer interminables.

–A veure si comencem d'una vegada –vaig dir a la Xantal, que era al meu costat, tan nerviosa com jo.

L'equip titular del Pla de Dalt, per al primer partit de Nadal, va ser:

Porter: Camunyes; defenses: Tomeu, Pessi, Marilyn; mitjos: Toni, Xantal; davanter: Paket.

El sistema era un 3-2-1, o «l'arbre de Nadal», com en deia el Felip.

El Barça, en canvi, jugava amb un 2-3-1. Dos defenses, tres mitjos i un davanter que es deia Galetti, un argentí molt baixet a qui els periodistes van començar a anomenar «el petit Messi» des que va posar els peus al camp.

–Ostres, que no eren els del quart equip, aquests? –va preguntar l'Alícia.

–Doncs imagina't com deuen ser els del primer –va respondre el Felip, empassant-se la saliva.

En realitat, tots els jugadors del Barça eren molt baixets, menys el porter. Tan baixos com el Vuit, que és el més baixet del meu equip.

Però aviat van demostrar que l'alçada no és el factor més important, quan jugues a futbol.

Es passaven la pilota a tanta velocitat que semblava que ni la miressin.

–A aquests no els feia falta la norma dels trenta segons. No tenen la pilota ni cinc segons! –va dir el pare del Camunyes.

–Pressiona, Paket, pressiona! –cridava la mare, dreta al mig de la grada.

No vaig respondre, però l'havia sentit perfectament.

L'Alícia i el Felip no paraven de donar instruccions de la banqueta estant.

Nosaltres intentàvem interceptar la pilota, però fèiem tard gairebé sempre.

I després hi havia les normes noves.

La del fora de joc ens va perjudicar molt a la primera part, ja que pràcticament no atacàvem.

Però allò del camp enrere era un embolic.

I, francament, disposar només de trenta segons de possessió era un bon pal. Quan feies tres passades, ja semblava que s'acabaria el temps.

L'àrbitre va xiular camp enrere més d'una vegada.

I després, quan agafàvem la bola, tota l'estona miràvem la pantalla per veure el temps que faltava.

Així era impossible de concentrar-se.

El Toni, al seu torn, cada vegada que agafava la pilota començava a presumir i a driblar a tothom que podia.

–És que no podem perdre temps –es va disculpar.

Però ni ell no aconseguia xutar a la porteria del Barça.

Aquell partit s'estava tornant d'allò més carregós.

Els del Barça jugant a tota velocitat.

L'àrbitre xiulant coses que ni recordàvem.

El temps fent el compte enrere a la pantalla.

I les càmeres, i la gent que bramava.

–Això és un malson –va dir el Pessi–. Em sembla que em marejo.

Era com jugar a la gallina cega.

Corríem a la ventura.

No obstant això, vam resistir fins al minut trenta sense que ens marquessin cap gol.

Miraculosament, però vam resistir.

Segons abans de concloure la primera part, el Toni va robar una pilota al número 9 del Barça. Va fer una paret amb la Xantal i va avançar fins a tres quarts del camp. Era la primera pilota que els arrabassàvem jugant en equip.

En acabat, el Toni va driblar un defensa, que va quedar estès a terra.

Va obrir a la banda dreta, cap a la Marilyn, que va aparèixer com una bala.

El rellotge corria: 9, 8, 7, 6...

–Sis segons per tirar! –va cridar l'Alícia de la banda estant.

La Marilyn va centrar de primera, sense aturar la bola i gairebé a cegues, cap al punt de penal.

En aquell moment, els dos centrals del Barça van canviar mirades i van fer alhora un pas endavant.

Vaig rebre la pilota d'esquena i, sense parar-la, la vaig desviar amb l'interior de la bota.

D'esma.

La pilota va sortir disparada amb efecte cap a la porteria...

I va entrar pel pal llarg.

Gol.

Gran jugada del Pla de Dalt.

I golàs.

Havia marcat un golàs al Barça!

El primer que feia en els darrers tres mesos.

El públic no se'n sabia avenir: van celebrar el gol com si fos el de la final del Mundial.

Tothom es va tornar com boig.

Els meus companys van córrer cap a mi, cridant i abraçant-me.

Aleshores la vam sentir.

La sirena ressonava pel camp.

El vaixell que salpava.

O sigui, l'Ull de Falcó.

15
EL PÚBLIC VA QUEDAR DESCONCERTAT EN SENTIR LA SIRENA.
QUI HAVIA DEMANAT L'ULL DE FALCÓ?
L'ENTRENADOR DEL BARÇA, ÉS CLAR.
ULL DE FALCÓ!
ULL DE FALCÓ!

PLAY
ELS TÈCNICS VAN REPETIR LA JUGADA A LA PANTALLA.

HE DE RECONÈIXER QUE ES VA VEURE MOLT CLAR.
QUAN REBIA LA PILOTA ESTAVA UNA MICA MÉS ENDAVANT QUE ELS DEFENSES.
I ERA DINS DE L'ÀREA!
TOTAL: FORA DE JOC.
I GOL ANUL·LAT.
GRÀCIES A L'ULL DE FALCÓ.

ELS ESPECTADORS NO VAN PROTESTAR.
NO PODIEN PROTESTAR.
L'ULL DE FALCÓ
NO DEIXAVA CAP DUBTE.
ERA CLAR I OBJECTIU.
REPLAY

PER PRIMERA VEGADA A LA HISTÒRIA, ANUL·LAVEN UN GOL A L'EQUIP LOCAL I EL PÚBLIC NO PROTESTAVA.
OSTRES, L'ULLET AQUEST!
AI, AI, LES NOVES TECNOLOGIES!
NO HI HAVIA RES A FER.
M'HAVIEN ANUL·LAT EL GOL. I NO ES PODIA TORNAR ENRERE. CONTINUÀVEM EMPATATS A 0.
AIXÍ VAM ARRIBAR AL DESCANS.

16

Dues mil persones van veure la segona pintada directament.

El segon anònim.

I després, moltíssima més gent la va veure per televisió, per Internet i pertot arreu.

Sobre la porta dels vestidors, amb unes lletres vermelles enormes, algú havia fet una pintada nova:

EL TOMEU ES PIXA AL LLIT

Eh?

A què treia cap, allò?

En tornar al camp, després del descans, vam descobrir la pintada.

Vam quedar bocabadats.

Primer vam mirar la pintada.

I després vam mirar el Tomeu, que estava mut, amb els ulls fixos sobre la paret.

Es va girar cap a nosaltres, molt empipat.

–És mentida. El que diu aquí és mentida, d'acord? Qui ho ha escrit, això? No és veritat!

Semblava que s'hagués de posar a plorar en qualsevol moment.

El Felip va agafar-lo per les espatlles.

–No t'hi amoïnis, Tomeu –va dir–. Això és una bestiesa com una casa. Ningú no s'ho creurà.

El cas és que al cap d'un minut encara no, tots els espectadors que havien anat a veure el partit, com també les càmeres de televisió, ja eren al davant de la pintada.

Algú havia dit:

–Ha aparegut una altra pintada.

En pocs segons va córrer la veu.

Hi era tothom.

Mirant la pintada.

I murmurant.

–Deixa-ho córrer. Has fet una primera part boníssima, Tomeu. Ara prepara't per a la segona –va dir l'Alícia.

El Felip va cridar el Radu i li va demanar per favor que esborrés la pintada com més aviat millor.

–Esborra-la tan aviat com puguis, Radu, si us plau –li va dir.

També va aparèixer el meu pare amb els dos ajudants.

–No us amuntegueu, que és pitjor –va dir la Llompart.

–Apa, disperseu-vos, que aquí no hi ha res per veure –va manar el Camps.

–Quina creu d'ajudants –va dir el pare–. Que no us he dit que no feu res sense consultar-me?

–Ja, senyor –es va disculpar el Camps–. Però hem vist tanta gent que hem pensat...

Mentre el pare discutia amb els seus ajudants, nosaltres vam entrar al vestidor.

Per molt que provéssim d'oblidar-nos de la pintada i de pensar en el partit, no ens en sortíem.

–A veure –va dir el Tomeu–. Si la primera pintada del petó era mentida, evidentment aquesta també ho és. Oi?

Vaig mirar la Xantal i el Camunyes.

La primera pintada era veritat.

–Creieu que ha pogut ser un del Barça, el de la pintada? –va preguntar el Pessi–. Per fer-nos desconcentrar, i tal.

–I tant que sí, Pessi –va respondre l'Aina–. El Barça ens té tanta por que ha col·locat espies a casa nostra i ha descobert que el Tomeu es pixa al llit.

–Que no em pixo al llit, jo! –va cridar el Tomeu.

–Ja, ja, si tots sabem que és mentida, Tomeu –va dir la Xantal.

La troca s'embolicava per culpa d'una bestiesa.

Qui les podia haver fet, les pintades?

És a dir, qui podia saber aquestes coses?

I a qui podia interessar explicar-les en públic?

Sens dubte, calia fer una reunió urgent dels Futbolíssims.

Abans, però, havíem d'acabar el partit contra el Barça.

17

La segona part va ser un desastre d'aquells que fan història.

El Tomeu va sortir fet un flam i a la primera jugada va fer falta al Galetti.

Falta greu.

Segons el reglament nou, targeta groga i expulsió de dos minuts.

I a més, falta perillosa a la vora de l'àrea.

El Felip i l'Alícia van protestar a una sola veu:

–Ull de Falcó, Ull de Falcó! –demanaven.

–Però si la falta ha estat claríssima –va dir l'àrbitre.

–Ull de Falcó! –va insistir l'Alícia–. Per si de cas!

Així doncs, com que la nostra entrenadora s'hi va obstinar, van engegar l'Ull de Falcó.

I llavors, en observar la jugada de dalt estant i a càmera lenta, vam veure que la falta del Tomeu era claríssima, però que no havia passat a la vora de l'àrea...

La falta era dins de l'àrea!

Penal!

L'Alícia i el Felip no sabien què fer.

–Val més que anul·lem això de l'Ull de Falcó –va insinuar l'Alícia.

–Massa tard –va replicar l'àrbitre.

Penal a favor del Barça.

El Galetti no ho va dubtar.

Va agafar la pilota.

La va posar al punt de penal.

I va fer un llançament rasant cap al costat del pal.

Gol.

El pobre Camunyes no va poder fer-hi res.

Barça 1, Pla de Dalt 0.

No diré pas que tot el que va passar va ser culpa de la pintada.

Però em sembla que hi va tenir molt a veure.

El Tomeu tenia el cap a tres quarts de quinze.

I diria que els altres també.

El Barça estava embalat.

Nosaltres no vèiem clar què havíem de fer.

Corríem empaitant la bola.

Corríem empaitant els jugadors del Barça.

Corríem molt però sense solta ni volta.

Així que va tornar a entrar al camp, el Tomeu va provar de centrar clavant una coça fortíssima a la pilota.

Però la pilota va anar a rebotar contra un davanter del Barça.

Va tornar a aparèixer el Galetti, que se'n va apoderar com si res.

La pilota va entrar per l'escaire.

Golàs.

Barça 2, Pla de Dalt 0.

Allò pintava molt malament.

Els espectadors no piulaven.

No era que perdéssim.

Era com si no fóssim al camp.

El Barça atacava.

I nosaltres ens defensàvem de qualsevol manera.

Ens podien haver esclafat a gols.

Però a la meitat de la segona part, el número 8 del Barça va marcar el tercer de cap després d'una passada del Galetti.

I a partir d'aleshores va semblar que es calmaven.

Com si no es volguessin cansar gaire.

Barça 3, Pla de Dalt 0.

–No n'hi ha per a tant, tres gols no són gran cosa –va dir el Camunyes.

Però ningú no va respondre.

Aquella nit teníem reunió secreta dels Futbolíssims.

Després de sopar.

18

–Es pot saber què és això?

El meu pare estava palplantat al mig del menjador.

Mirant la taula que tenia al davant.

Va repetir:

–Es pot saber què és això?

–El sopar de Nadal –va respondre el meu germà, tot cofoi.

–Sí, ja m'imaginava que passaria una cosa així –va fer la mare, observant la taula.

Vet aquí el que havia preparat el Víctor.

D'aperitiu:

Tres bols enormes de *nachos* amb salsa de barbacoa.

I un bol gegant de crispetes.

Ah, i mitja dotzena de bosses de patates Barnils, a l'estil tex-mex.

De plat principal:

Quatre pizzes de les que venen al súper.

I dotze frankfurts amb quètxup i mostassa.

–És el millor sopar de Nadal de la història! –va dir el Víctor.

Per una vegada a la vida jo donava la raó al meu germà.

–Espectacular –vaig dir.

–No m'ensabonis, petitó –va respondre ell.

Els meus pares van mirar la taula.

Van mirar el Víctor.

I després es van mirar entre ells.

–Ja t'ho vaig dir –va sentenciar el pare.

La mare va remenar el cap.

–Però..., –va dir–. T'ho vaig deixar tot apuntat, perquè ho anessis a comprar...

–He pensat que així no hauríem de cuinar –va replicar el Víctor.

–Tampoc no té la culpa de tot, el noi –el va justificar el pare.

–Si, home, defensa'l, tu, ara! Aquest nano ha engegat el sopar de Nadal en orris! –Havent dit això va desaparèixer pel passadís.

Quan van arribar els meus avis i els meus oncles, van mirar la taula com si ens haguéssim trastocat, però ningú no va dir ni piu.

–Aquest any he fet jo el sopar –va insistir el Víctor, tot cofoi.

–No és per res, però estàvem una mica farts de menjar cada any coses sofisticades –va dir el meu oncle, clavant queixalada a la pizza de quatre formatges.

–Ah, molt bé... Sabeu què? D'ara endavant, la nit de Nadal trucarem al restaurant xinès i ja està –va dir la mare.

Llavors es va engegar l'Skype de la tauleta de l'àvia. Des que se la va comprar, la duu sempre al damunt i es passa el dia parlant amb les seves germanes. En té cinc, de repartides arreu d'Europa.

Cada nit de Nadal ens passem la meitat del sopar rebent una trucada darrere l'altra.

Abans trucaven per telèfon. Ara per Skype.

De manera que, a més de parlar-hi, les podíem veure.

En aquell moment trucava la de França, que viu a Bordeus.

–Guaiteu, aquest any sopem garrí farcit de besuc –va explicar la meva bestia francesa (que en realitat no és francesa, però jo li dic així per diferenciar-la de les altres). I ens va ensenyar amb la càmera un garrí enorme que presidia la taula del sopar.

–Doncs nosaltres farem més aviat un soparet a l'estil italià, amb unes pizzes bonissimes –va respondre l'àvia, somrient al Víctor.

En acabat va continuar rebent més trucades. De Suïssa. D'Alemanya. De Portugal. I d'un poble d'Andalusia. Per aquest ordre. I cada vegada s'animava més, i parlava del nostre sopar tan meravellós i tan original, i els ensenyava els *nachos* i les pizzes, i el Víctor treia el cap per explicar com ho havia preparat tot...

Al final la mare es va posar a riure.

El pare va anunciar-nos que després de sopar havia de sortir amb els seus ajudants a fer la ronda pel poble.

–La Llompart i el Camps em faran tornar boig –va dir–. No els puc deixar sols ni per posar una multa.

La mare va dir que, entre una cosa i l'altra, era una vigília de Nadal una mica estranya i que no entenia que aquella nit hagués de treballar, si cap any no havia sortit de casa.

–Ja, però el poble s'ha omplert de gent a causa del torneig i no vull que hi hagi sorpreses –va respondre el pare.

I van començar a discutir si era un dia per sortir a fer la ronda i que a ell semblava que li importés més la feina que la família.

Vaig aprofitar l'avinentesa per llegir els missatges dels Futbolíssims.

N'havia rebut molts, moltíssims. Tants, que vaig estar una bona estona movent el polze per posar-me al dia.

Resumint el que deien:

Havíem quedat a les dotze en punt als portals dels Quatre Vents.

Per dir això hi havia catorze missatges.

Vaig teclejar: «Ok».

I ja està.

En aquell moment vaig sentir una veu darrere meu.

–Ei, què és això dels Futbolímics?

Era l'àvia.

Vaig tapar el telèfon ràpidament.

I li vaig fer signe que abaixés la veu. Si la sentia el meu germà, segur que en voldria saber més coses.

–Són uns amics meus, àvia.

Ella va fer una ganyota, com volent dir «a mi no m'enganyes».

–Sí, és clar –va dir–. Uns amics i ja està... Els «Futbolímics». Quin nom...

Vaig arronsar les espatlles.

El meu germà va entrar cridant al menjador.

Quan s'avorreix, el Víctor tendeix a fer dues coses:

1. Fer-me la guitza.

2. Cridar.

I si ho pot fer tot alhora, millor.

–Saps que si t'acostes massa a una foguera, a la nit, et pixes a sobre mentre dorms? Potser és això el que li ha passat al teu amic Tomeu –va dir el meu germà, tot rient–. Vigila que no et passi el mateix a tu, petitó.

Li anava a contestar, però la mare va treure el cap i va dir:

–Veniu, nois, que cantarem nadales!!

L'àvia se'm va acostar i em va dir:

–No facis cas al teu germà, que està a l'edat de la pota-solta.

–De la pota-solta? –vaig preguntar–. Deus voler dir «de la poca-solta»...

–No, no, la de la pota-solta o de la cama-fluixa, que és pitjor –va dir ella–. Només volen córrer i vinga córrer sense pensar per què ho fan... Ja t'arribarà, ja...

L'àvia de vegades es despenja amb coses així.

Al cap d'un moment ens posàvem tots a cantar nadales.

Encara que jo pensava en una altra cosa.

19

Els portals dels Quatre Vents són famosos per una raó.

Perquè sempre hi fa vent.

Fins i tot al pic de l'estiu, quan fa més calor, als Quatre Vents bufa el vent.

Per això en diuen així.

O sigui que, al cor de l'hivern, a la nit de Nadal, a ningú no se li acudiria de quedar-hi. Hi feia un vent espantós. Pràcticament t'havies d'agafar a la paret per no sortir volant.

Precisament per això havíem quedat allí. Sabíem que era el carrer més desert del poble.

–No podíeu haver triat un lloc on encara hi fes més fred? –va preguntar el Toni en arribar-hi, tremolant.

–Anem per feina, si no us fa res –va afegir el Pessi, que anava abrigat fins a les celles–. Segur que m'agafarà una pulmonia triple.

–Sí, i jo haig de tornar com més aviat millor –vaig dir–. M'he escapat aprofitant que la meva família han anat a cantar nadales a casa de la veïna.

–Hem convocat el pacte dels Futbolíssims perquè hi ha algú que pretén perjudicar-nos. I hem d'esbrinar qui és –va dir la Xantal.

–Et refereixes als anònims? –va preguntar el Vuit.

–És clar, home –el va tallar la Marilyn–. A les pintades anònimes... Qui n'és l'autor?

El Tomeu va fer un pas endavant i va dir:

–Vull deixar ben clar que no em pixo al llit.

–Que sí, que sí –va fer el Toni.

–Ho dic per si de cas –va insistir el Tomeu.

–Si vols fem una altra pintada que digui: «el Tomeu no es pixa al llit» –va suggerir el Toni.

Per un moment, el Tomeu va quedar pensatiu.

–Creus que és una bona idea? –va preguntar al final.

El Toni, que es petava de riure, va dir:

–S'ho ha cregut...

I va continuar rient.

–Doncs jo no hi veig la gràcia –va dir la Xantal–. Aquest afer de les pintades i els anònims és molt seriós.

–Exacte –va dir el Camunyes.

L'Aina es va gratar el nas.

–Puc preguntar una cosa? –va dir–. Això del Tomeu ja ha quedat clar que és mentida, però vosaltres dos... Us heu morrejat o no?

–No és aquesta, la qüestió –va replicar la Xantal.

–Exacte –va repetir el Camunyes.

–Doncs jo penso que sí –va dir el Toni–. Perquè si volem investigar qui és l'autor dels anònims, abans de res hem de saber si el que diuen és veritat o mentida.

–Això s'acabarà malament –es va lamentar el Pessi.

–A veure si estem per la feina –va dir la Xantal–. La qüestió és descobrir qui ha fet les pintades. I res més.

–Sí, però no és el mateix que siguin coses inventades o que siguin veritat –va intervenir la Marilyn–. Això canvia molt la situació i els possibles sospitosos...

–Ara té raó –va admetre el Camunyes.

–Camunyes! –va protestar la Xantal.

–Perdó, que m'he despistat –va dir ell–. Volia dir..., que no, que no és important...

–Ja n'hi ha prou! La Xantal i el Camunyes s'han morrejat! Sí! I el Tomeu segur que es pixa al llit, perquè quan va veure la pintada es va posar vermell com un tomàquet! De manera que les pintades són veritat! El que les fa sap coses de nosaltres i ens vol tocar el voraviu! Podem començar d'una vegada, que haig de tornar a casa abans que m'enxampin?

Tots em van mirar amb els ulls esbatanats.

El que havia dit tot allò era jo.

Em vaig empassar la saliva i vaig afegir:

–Perdó, m'ha sortit així. Però el cas és que sí, que s'han morrejat.

–I tu com ho saps? –va preguntar el Toni.

–Doncs...

–Perquè l'hi vaig dir jo –em va tallar la Xantal.

–Com és, això? Si vam quedar que no ho diríem a ningú... –va protestar el Camunyes.

–És veritat, doncs? –va preguntar la Marilyn, molt empipada.

–Que sí. Que no ho has sentit? –va dir el Toni, que també feia cara d'estar molt enfadat.

–Va ser una bestiesa, un petó insignificant –va provar de justificar-se la Xantal.

–En fi, en realitat van ser dos..., o tres... –la va corregir el Camunyes.

–O sigui, que us vau estar enganxats una bona estona –va dir l'Aina.

–Escolta, que no haig de donar cap explicació a ningú –va dir la Xantal–. I si li vull fer un petó..., o dos..., o tres..., al Camunyes o a qui sigui, doncs ho faig i ja està.

–Ja ho veig –va dir la Marilyn, que mirava la Xantal i després el Camunyes, i semblava a punt de treure fum per les orelles.

–Si continuem parlant de petons me'n vaig, que amb aquest vent i aquest fred tinc el nas congelat –va dir el Pessi.

–Té raó, el Pessi. No hem quedat pas per parlar de petons, sinó de qui fa aquelles pintades relacionades amb nosaltres i per què –va dir la Xantal.

–Jo, dels petons, no en tinc cap opinió, però vull insistir que no em pixo al llit –va dir el Tomeu.

–Si no té importància –va fer el Vuit–. Li passa a molta gent.

–Tu també et pixes? –va preguntar-li el Camunyes.

–Tens ganes de rebre...? –va respondre el Vuit.

–A veure, un moment –vaig dir–. Aquí resulta que algú que sap els nostres secrets es dedica a escriure'ls per les parets del poble. I només ho pot fer per tocar-nos el voraviu. Ja veieu què ha passat al partit d'aquest matí.

–Qui pot saber els nostres secrets? –va dir la Xantal–. És la pregunta clau.

–Sí, és una pregunta molt important –va dir la Marilyn–. Una altra cosa que m'agradaria saber és per què t'has morrejat amb el Camunyes, si no t'ha agradat mai...

–Això no ve a tomb, ara –va replicar el Camunyes.

–No t'ho he preguntat pas a tu –el va tallar la Marilyn, que va tornar a girar-se cap a la Xantal–. Potser és que t'agrada des que va començar a sortir amb mi... Eh? Potser ha estat per demostrar que ets la més guapa i pots fer-t'ho amb qui et doni la gana... Potser és que...

–Ja n'hi ha prou! –va exclamar la Xantal–. Va ser un petó sense importància i de seguida me'n vaig penedir, i em sap molt greu, i et demano perdó a tu i a tothom. Ho sento moltíssim.

–No va ser un, van ser tres –va dir el Camunyes en veu baixa.

–Tu calla! –van dir alhora la Marilyn i la Xantal.

–Doncs està claríssim. Per descobrir el culpable, només cal respondre una pregunta: qui sabia això del petó? –va dir el Toni.

Vam quedar un moment en silenci.

I al final es van girar cap a mi.

–Ei, un moment –vaig protestar–. Que jo ho vaig saber després de la pintada. A mi m'ho va explicar la Xantal quan ja estava feta...

–Doncs quan t'ho vaig explicar no semblaves gaire sorprès, francament –va dir la Xantal.

–Què!!? –vaig fer–. Insinueu que la pintada és obra meva?

–Només dic que quan t'ho vaig explicar no semblaves gaire sorprès –va repetir la Xantal.

–Potser no semblava gaire sorprès perquè ja ho havia llegit en una pintada –vaig provar de justificar-me–. I sí que em va sorprendre. Moltíssim.

–En què quedem? –va preguntar el Toni–. No et va sorprendre perquè ja ho havies vist a la pintada? O sí que et va sorprendre moltíssim? Són dues coses molt diferents, Paket, i em sembla que et contradius...

–Primer sospitós: Paket –va dir l'Aina, apuntant alguna cosa en un quadern.

–No m'ho crec –vaig dir.

–Ni jo tampoc –va dir la Xantal–. M'has decebut molt, Paket.

–Que no he estat jo! –vaig protestar.

–I jo no em pixo al llit! –va repetir el Tomeu–. Ho veus? Tant se val el que diguis, que ningú no et creu.

20

El vent va continuar bufant cada vegada més fort.

S'havia fet molt tard.

Així doncs, vam haver de dissoldre la reunió dels Futbolíssims sense haver pres cap decisió.

L'Aina va dir que faria una llista completa de sospitosos.

La Xantal va repetir que havíem d'investigar per descobrir la veritat.

Potser ho feia algú per despistar-nos durant els partits. L'endemà en teníem un de molt important.

Contra el Girona.

Encara que ho dubto.

Ja que, en vista de la mala temporada que passàvem, el més lògic seria que perdéssim amb pintades, sense pintades o com fos.

Total, que ens en vam anar cap a casa.

Pel camí va passar una cosa que no m'esperava pas.

Quan vaig arribar a l'alçada de l'església, vaig veure que hi havia un munt de gent amuntegada al costat de la porta.

Eren els que sortien de la missa del gall.

Vaig posar-me a caminar més de pressa, no fos cas que hi hagués el pare i em veiés.

En girar a la cantonada, però, vaig sentir que algú deia:

–Una altra pintada!

–Com pot ser!

–I en plena nit de Nadal!

Una altra pintada?

Què s'empatollaven?

Vaig girar en rodó i em vaig dirigir a poc a poc cap a l'església, on es congregava la gentada.

En passar-hi per primer cop, havia pensat que eren els que sortien de missa.

Però ara vaig veure que era per una altra raó.

Parlaven en xiu-xius, assenyalant una cosa.

Una pintada enorme a la paret de l'església.

Feta amb pintura vermella.

La pintada nova deia:

EL VUIT HA COPIAT
A L'EXAMEN DE MATES

Davant de tothom.

Allò dels anònims semblava no tenir fi.

Em vaig quedar paralitzat, contemplant la pintada.

Fins que vaig notar que em tocaven l'esquena.

–Es pot saber què hi fas, aquí?

Em vaig girar.

Era el pare.

–Hola, pare –vaig dir–. Que fort això de la pintada, eh?

–Deixa't de pintades. A veure: què fas al carrer, a aquestes hores?

–Doncs que..., que t'he vingut a buscar i de sobte he trobat la pintada i m'he entretingut.

–A buscar-me? A mi?

–És clar –vaig dir–. Perquè tornis a casa, perquè és la nit de Nadal i la mare està amoïnada i li agradaria que hi fossis.

El pare em va mirar de dalt a baix.

–T'ha fet venir ella?

–No ben bé –vaig respondre–. Ha estat idea meva.

El pare va remenar el cap.

–Treballo massa, francament –va dir–. Si el meu propi fill ha de sortir al carrer la nit de Nadal per venir-me a buscar.

–Tampoc no n'hi ha per tant... –vaig insinuar.

Però aleshores van arribar la Llompart i el Camps.

–Bona nit, cap –va dir el Camps.

–Què fem amb la pintada? –va preguntar la Llompart.

El pare va arronsar les espatlles.

–Feu el que us doni la gana –va dir–. Jo me'n vaig cap a casa amb la meva família.

Em va donar la mà i vam marxar a peu.

El pare semblava molt emocionat perquè l'havia anat a buscar.

Jo tenia altres coses al cap.

El partit contra el Girona de l'endemà.

Les pintades.

La morrejada de la Xantal i el Camunyes.

Les coses no sortien com em pensava, aquell Nadal.

21

Tot i ser la diada de Nadal, el Mosca era a l'escola.

El Mosca és el nostre professor de mates.

Sempre que parla, fa un soroll com si fos una mosca.

–Hem de parlar un momentzzzzzzzzzzzz –va dir, mirant el Vuit.

Tot l'equip érem al camp fent l'escalfament per al partit que jugaríem al cap d'una estona.

L'Alícia i el Felip van dir al Mosca que era un partit molt important i que era millor que parlés amb el Vuit més tard.

Però el Mosca va dir que no.

–Hi ha coses més importants que el futbol –va respondre–. Anemzzzzzzzzzzzz.

I va endur-se el Vuit cap a un racó.

Només ens faltava allò.

–Au, va, no us desanimeu –va dir l'Alícia.

–Això mateix, que hem de jugar un partidàs –va afegir el Felip.

Els nostres entrenadors ens van deixar al camp i se'n van anar a la banqueta per saludar l'Esteve, el Llorenç, l'entrenador del Girona i més gent que havia anat arribant.

Mentre continuàvem l'escalfament, vam veure al fons el Mosca parlant tot seriós amb el Vuit.

Allò del Vuit no era cap misteri.

Tots ho sabíem, que a l'examen de mates havia copiat.

Ell mateix s'havia encarregat de dir-nos-ho així que havíem sortit de classe.

–He tret el llibre i he copiat tota l'hora, ha estat flipant –havia dit després de l'examen, en sortir al pati.

El que no sabíem era qui devia haver fet la pintada.

–Creus que el Mosca se l'ha presa seriosament? –va preguntar el Camunyes.

–Segur, perquè si no, no hauria vingut a parlar amb ell –vaig respondre.

Pobre Vuit.

No tan sols l'havien enxampat copiant.

Ara ho sabia tot el poble!

–O sigui, que ara per ara totes les pintades són veritat –va dir la Xantal.

–La dels petons i l'examen, sí –va insistir el Tomeu.

Ens el vam mirar.

Al final va esclatar:

–D'acord! Alguna vegada m'he pixat al llit! Una vegada! I és perquè tinc la bufeta tímida i de dia m'aguanto el pipí, i llavors a la nit de tant en tant se m'escapa! Però molt poques vegades! Queda clar?

De cop i volta, el Tomeu semblava una altra persona.

Ara que havia confessat que allò de la seva pintada era veritat.

Semblava diferent. Molt millor.

Com si ja no fos tan vergonyós.

El vaig mirar i em va agradar molt que hagués dit la veritat.

Em sembla que a tots ens va passar el mateix.

–Que passa res? –va preguntar.

Vam dir:

–No, no, no, no, no...

–O sigui, que totes les pintades són veritat –va repetir la Xantal.

–I què? –va preguntar el Tomeu.

–Doncs que deuen ser obra d'algú que ens coneix molt bé –va dir ella.

–A mi no m'hi torneu a enredar, que no he estat jo –vaig dir.

–A més del Paket, hi ha altres sospitosos –va dir l'Aina–. Com per exemple els altres equips del torneig...

–A veure, a veure, si acabem de dir que ha de ser una persona que ens coneix molt bé... –va intervenir el Pessi.

–No, perdona, això ho ha dit la Xantal. I potser no és així, no en podem estar segurs...

–O sigui, que els del Barça i els del Madrid ens han espiat per fer les pintades –va dir el Toni–. Segur, i tant que sí.

–I els del Girona –vaig afegir.

–I també hi ha l'Alícia i el Felip, per exemple –va dir l'Aina.

–Quèeeee???

L'Alícia i el Felip?

Els nostres entrenadors?

–Saben moltes coses de nosaltres –va explicar l'Aina–. I s'han pogut assabentar d'altres coses. I potser no ho fan per tocar-nos el voraviu, sinó per motivar-nos. Com allò d'endur-se'ns a la muntanya, nevant, a disparar-nos boles de pintura.

De sobte tenia sentit, tot plegat.

–Recordeu que la primera pintada va aparèixer justament quan acabàvem d'estar amb ells –va dir la Marilyn.

–Exacte –va fer el Camunyes.

–A mi no em donis la raó –li va etzibar la Marilyn, que encara estava molt enfadada amb ell.

–Però si estic d'acord amb tu... –va provar de justificar-se el Camunyes.

–No vull que estiguis d'acord amb mi! Ni que em donis la raó!

A veure si ho entens! –va exclamar ella.

–Què vols, doncs?

–No res –va concloure la Marilyn–. Absolutament res.

El Camunyes va encreuar els braços, com si no entengués el que passava.

Però ho entenia de sobres.

–I després hi ha aquest parell –va dir l'Aina, assenyalant la banqueta.

L'Esteve.

I el Pep Llorenç.

El director de l'escola.

I el president de la Lliga Intercentres.

Els que havien organitzat el torneig.

–Quins motius podrien tenir? –va preguntar la Marilyn.

–Com podien saber allò de les morrejades o allò del Tomeu? –va preguntar el Pessi.

–Encara no ho sé –va admetre l'Aina–, però el cor em diu que aquests dos sempre en tramen alguna.

Ho va dir d'una manera tan misteriosa que de sobte el Llorenç i l'Esteve semblaven els sospitosos principals.

–A la llista hi ha més sospitosos, però de moment aquests són els més importants –va acabar l'Aina.

–I tu qui ets? La investigadora en cap? –va preguntar el Toni–. T'ha escollit algú o ho has decidit pel teu compte?

–Vols ser tu, el cap? –li va preguntar ella, desafiadora.

–Podria ser –va respondre el Toni.

–Aquí no mana ningú –va dir la Xantal–. Som els Futbolíssims i tots som iguals.

–Això és veritat –va dir el Toni–. Tots som iguals. Deu ser per això que vas pel món fent petons a tot déu.

La Xantal se'l va mirar amb els ulls esbatanats i es va llançar contra ell.

El va agafar pels cabells.

I els hi va estirar amb totes les seves forces.

–Ets més ruc del que em pensava! –va dir, mentre continuava estirant.

El Toni cridava de dolor.

–Aaaaaiiiiiiiiiiii!

Per un moment em vaig imaginar que li arrencaria els cabells de debò.

Van haver de venir corrents l'Alícia, el Felip, el Mosca, l'Esteve i alguns pares per separar-los.

–Es pot saber què passa? –va preguntar l'Alícia, molt seriosa.

Però ningú no va badar boca.

El Toni i la Xantal es van mirar sense dir ni piu.

–Bé, doncs ja n'hi ha prou, de bestieses.

En acabat, el Mosca va dir que el Vuit no podia jugar el partit.

–Però per què? –va preguntar el Felip.

–Perquè ha de repetir l'examen de mateszzzzzzzzzzzz.

–I ha de ser ara mateix? –va preguntar el Felip.

–Ara mateix.

A l'altra banda del camp, els jugadors del Girona no feien exercicis d'escalfament.

Simplement ens miraven i es petaven de riure en veure'ns.

Barallant-nos.

Cridant.

Estirant-nos els cabells.

Perdent un jugador per haver copiat.

L'Isidre, el jugador del Girona que havia conegut a la presentació, em va mirar de lluny.

Fixament.

I es va passar la mà pel coll.

–Esteu ben llestos –va dir.

I va riure.

22

El vint-i-cinc de desembre,
fum, fum,fum.
El vint-i-cinc de desembre,
fum, fum, fum.
Ha nascut un minyonet,
ros i blanquet, ros i blanquet,
fill de la Verge Maria
és nat en una establia,
fum, fum, fum.
Allà dant de la muntanya,
fum, fum, fum.
Allà dalt de la muntanya,
fum, fum, fum.
Si n'hi ha dos pastorets,
abrigadets, abrigadets,
amb la pell i la samarra
mengen ous i botifarra,
fum, fum, fum.

El camp sencer va prorrompre en aplaudiments al final de la cançó.

L'Antoni Barnils va agafar el micròfon i va dir:

–Moltes gràcies. Aquesta nadala ha estat per gentilesa de patates Barnils. Bon Nadal!

Més aplaudiments.

Els que havíem cantat érem nosaltres.

I els jugadors del Girona.

En ser la diada de Nadal, els organitzadors (o sigui l'Esteve i el Pep Llorenç) havien decidit que cantéssim plegats una nadala al mig del camp de futbol. Ells volien que féssim la del ren del nas vermell.

Abans de començar.

Com que el pare del Toni patrocinava l'equip, també havia sortit a cantar amb nosaltres.

Tots junts havíem cantat el *Fum, fum, fum*, i no la del ren, perquè no ens la sabíem bé.

Per fi es va acabar la cançó.

I va començar el futbol.

L'àrbitre va tocar el xiulet.

I va començar el partit.

A la primera jugada em va arribar la pilota, però abans que pogués tocar-la, un jugador del Girona es va tirar en planxa amb els peus al davant i vaig haver de saltar perquè no se m'endugués.

–Falta! Àrbitre, ha estat falta! –vaig protestar.

Però l'àrbitre no va xiular res.

–Continuï jugant, continuï, continuï –va manar.

Alguns espectadors demanaven a crits l'Ull de Falcó.

L'Alícia i el Felip semblaven a punt de reclamar-lo.

Però em van mirar.

I devien pensar que era massa aviat.

El partit no feia ni deu segons que havia començat.

De manera que em van dir:

–Continua, Paket, continua!

Els del Girona mossegaven.

Pressionaven per tot el camp i no ens deixaven ni tocar la pilota.

Per a més inri, els espectadors semblaven animar-los més a ells que a nosaltres.

Vaig sentir una veu que em sonava molt i molt que bramava «Girooona, Girooona».

Em vaig girar en rodó per veure qui feia aquells crits.

Era la mare!

Estava dreta i feia onejar la seva bufanda del Girona.

–Mare!!!! –li vaig dir.

Ella va arronsar les espatlles.

–És el Girona, fill.

I va continuar movent la bufanda.

–Girooona, Girooona, Girooona!

En tota la primera part, em sembla que no vam tenir la pilota ni una passada seguida.

Era impossible.

Corrien.

Empenyien.

Pressionaven.

No ens deixaven ni respirar.

Nosaltres fèiem el que podíem.

Moments abans del descans, va passar el que era inevitable.

Vaig rebre la bola a la banda.

La vaig controlar amb l'esquerra. Vaig aixecar el cap.

I, abans de poder fer res, vaig rebre una empenta que em va enviar fora del camp.

Era l'Isidre, el número 8 del Girona.

Sense més ni més, va agafar la pilota i va sortir disparat cap a la nostra porteria.

L'àrbitre, una vegada més, no va xiular res.

L'Alícia i el Felip i tots els jugadors del nostre equip van protestar.

–Àrbitre, estàs cec!

Però no va servir de res.

Rectifico: va servir per una cosa.

Perquè ells arribessin a tocar de l'àrea en un batre d'ulls.

Un cop allà, l'Isidre va xutar amb fúria.

I el número 9 va rematar de cap...

A dins de la porteria.

Gol.

Girona 1, Pla de Dalt 0.

No vaig voler mirar els espectadors. Em vaig imaginar la mare i la meitat del poble celebrant el gol.

M'estimava més no veure-ho.

Miraculosament, vam aconseguir arribar al descans sense que ens fessin més gols.

Podria haver estat una golejada escandalosa.

I només perdíem per 1 a 0.

El pitjor de tot no era que perdíem.

I que no havíem tingut ni una oportunitat de gol.

Ni tan sols que els nostres propis pares animessin l'equip rival.

El pitjor de tot era...

Que al descans havíem de tornar a cantar el *Fum, fum, fum*!

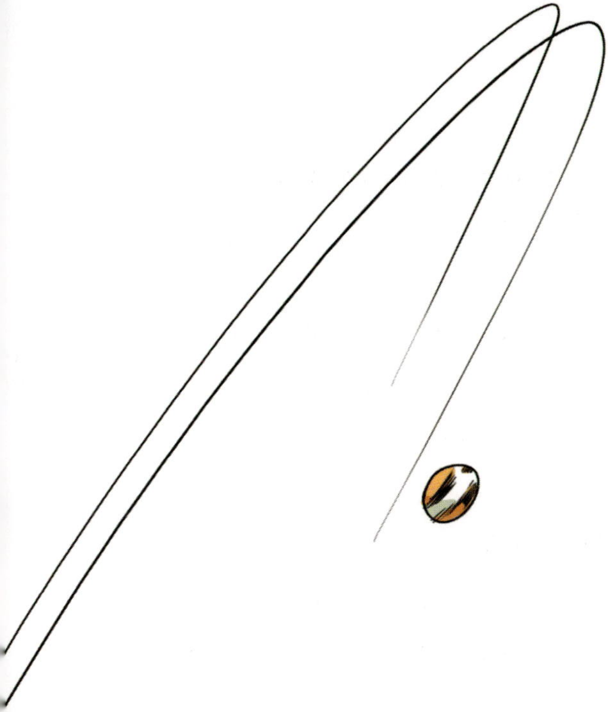

23

–Però si perdem!

La Xantal era la capitana de l'equip.

I quan se li ficava una idea al cap, podia ser molt tossuda.

Encara que hagués de portar la contrària als nostres entrenadors.

–No podem fer això, que perdem! –va insistir la Xantal.

–Ja, però si ens marquen més gols encara serà pitjor –va dir el Felip.

–A veure si ho enteneu –va dir l'Alícia–. A la segona part jugarem amb un 4-2. Porter, Camunyes. Tomeu i Pessi, centrals. Marilyn i Paket, laterals. I Xantal i Toni, mitjos. Sense davanters.

Un moment.

Paket, lateral?

–Això mateix. Lateral dret, concretament –va aclarir el Felip.

–No ho entenc –vaig admetre.

–No es tracta que ho entenguis –va dir l'entrenador–. Es tracta que ho facis.

–O sigui, que perdem –vaig contestar–. Però sortirem a jugar a la defensiva.

–No, a la defensiva no –va replicar l'Alícia–. El que farem és defensar-nos, que és molt diferent.

–Veniu i escolteu-me –va dir el Felip, tot seriós.

Ens vam posar al seu voltant.

I el vam mirar amb atenció.

El Felip va explicar que al poble hi havia molta gent que volia que perdéssim.

–Aquí n'hi ha molts del Girona i volen que perdem perquè el Girona guanyi el torneig en lloc del Barça o el Madrid –va dir–. Alguns fins i tot han parlat amb l'Alícia i amb mi perquè ens deixem guanyar.

–I per això jugarem sense davanters? –va preguntar la Xantal.

–Al contrari –va respondre el Felip–. Jugarem sense davanters perquè no s'ho espera ningú. Ni la gent del poble, ni els del Girona. Ni vosaltres mateixos. I és justament el que ens convé... fer una cosa que no s'esperi ningú.

Al cap d'una estona de silenci, el Felip va continuar:

–No sé si guanyarem o perdrem, però us diré una cosa: el Pla de Dalt no perdrà mai expressament. Mai. M'heu sentit?

–Sí..., sí...

El Felip va aixecar la veu:

–M'heu sentit o no?

–Síiiiiiiiiiiiiii!

–M'heu sentit? –va repetir cridant.

–Síiiiiiiiiiiiiiiiiiiiiiiiiiiiiiiiiiiiiiiii! –vam cridar a una sola veu.

–Doncs sortiu al camp i ensenyeu-los que, per molt que siguin del Girona, nosaltres som el Pla de Dalt.

Vam fer uns quants crits més.

I vam sortir del vestidor disposats a donar-ho tot.

Encara que hagués de jugar de lateral.

En traspassar la porta, l'Alícia em va mirar.

I va murmurar una cosa:

–Recorda't del Milinko.

24

A la segona part vam jugar com si fóssim un equip de debò.

Ens era ben indiferent que la gent del poble animés el Girona.

O que els jugadors rivals continuessin pressionant i empenyent.

Si ells empenyien, nosaltres també.

Si ells corrien, nosaltres encara més.

Ja havíem patit deu derrotes consecutives, comptant-hi el darrer partit contra el Barça.

Ja n'hi havia prou.

Vaig mirar l'Alícia, que seia a la banqueta.

I vaig pensar:

«Ja n'hi ha prou, de queixar-nos. Juguem a futbol.»

De manera que vam començar a tocar la pilota.

De moment no ens van xiular camp enrere, perquè gairebé tota l'estona érem al nostre camp.

Fins i tot quan teníem la pilota.

Però havia canviat una cosa.

De sobte era com si no tinguéssim por.

Encara que fóssim al nostre camp, ens passàvem la pilota entre nosaltres.

Vaig passar pel costat de l'Isidre i li vaig somriure.

–Saps què? –li vaig preguntar.

Ell em va grunyir.

–Calla i juga –em va contestar.

–Que a la pròxima jugada et faré una rematada a boca de canó –li vaig dir.

Com a resposta, em va clavar una empenta.

No sé pas per què l'hi vaig dir.

Només sé que vaig complir la meva paraula.

Al cap d'un minut era al centre del camp. La pilota va sortir rebotada i em va caure als peus.

Vaig aixecar la vista i..., qui tenia just al meu davant?

L'Isidre.

–A veure què fas, espavil... –va començar a dir.

Però abans que pogués acabar la frase, li vaig passar la pilota entre les cames i vaig arrencar a córrer.

Quan se'n va adonar, la pilota havia passat per sota d'ell.

I jo corria al seu costat.

Va clavar un crit.

–Nooooooooooo!

I se'm va tirar al damunt.

Com els jugadors de rugbi, provant de fer-me un placatge.

Em va agafar per la cintura amb les dues mans i tots dos vam caure a terra, l'Isidre al meu damunt.

Reia com si s'hagués trastocat una mica.

–No m'has fet cap rematada a boca de canó, ha, ha... –em va dir.

No va caldre l'Ull de Falcó.

Havia estat una falta com una catedral.

L'àrbitre no ho va dubtar ni un segon.

Targeta groga i dos minuts d'expulsió.

L'Isidre va sortir del camp entre els crits dels uns i els aplaudiments dels altres.

El cas és que ara teníem la iniciativa nosaltres. I eren ells els que s'havien de preocupar.

Les coses havien donat un tomb.

Ja ho deia jo.

La Marilyn i jo pujàvem per contraatacar per les bandes cada dos per tres.

El Toni i la Xantal tenien la pilota cada vegada més temps.

I l'Alícia i el Felip cridaven més que l'entrenador del Girona.

Fins i tot els espectadors van començar a animar-nos en veure com jugàvem.

En un dels contraatacs, el Toni va passar amb la pilota controlada al camp del Girona i el marcador va iniciar el compte enrere.

30...

29...

28...

25
24
23
22
21
VAIG CÓRRER PER LA BANDA I VAIG AIXECAR LA MÀ DEMANANT LA PILOTA.
PERÒ EL TONI NO VA MIRAR CAP AMUNT.

ELS DOS DEFENSES DEL GIRONA
VAN CÓRRER CAP A ELL.
PERÒ EL TONI SEMBLAVA POSSEÏT.
QUAN LI VAN ENTRAR
TOTS DOS ALHORA,
ELL VA FER UN DOBLE REGATEIG EN DIAGONAL.
NO SÉ PAS COM S'HO VA MANEGAR.
18
17
16
15

EL TONI ANAVA DIRECTE CAP A LA PORTERIA.
8
7
6
JO VAIG ENTRAR CORRENTS A L'ÀREA, DEMANANT LA PILOTA. LA XANTAL VA ENTRAR PER L'ALTRE COSTAT, AMB LA MÀ AIXECADA.
EL TONI VA XUTAR AMB TOTES LES SEVES FORCES.

EL PAL DE LA PORTERIA ES VA QUEDAR TREMOLANT!
5
GOL!
GOLÀS!
4
3
NO M'HO CREIA.
HAVIA FET UN GOLÀS AL GIRONA!

26

Fins i tot la mare, a la grada, va començar a fer salts i crits.

La gent va recordar de sobte que érem el Pla de Dalt. L'equip de Gironeta. L'equip del poble.

Tots es van posar drets i van començar a aplaudir-nos i a cridar.

–Un altre! Un altre! Un altre!

Estàvem empatats a 1.

La cosa més increïble, però, és que dominàvem el partit.

Si guanyàvem, encara tindríem alguna possibilitat al torneig.

Havíem d'intentar-ho. Ens en podíem sortir.

Va haver-hi unes quantes jugades en què vam estar a punt de marcar.

Ells també van tenir alguna oportunitat, evidentment.

Però nosaltres teníem la iniciativa.

Aquest partit no se'ns podia escapar.

Guanyar el Girona... era la millor manera de posar fi a la nostra mala temporada!

Però el gol de la victòria no arribava i el temps anava passant.

Quan el partit ja era a les acaballes, va passar una cosa que no s'esperava ningú.

Ni els del Girona.

Ni l'àrbitre.

Ni l'Antoni Barnils.

Absolutament ningú.

El Tomeu va rebutjar la pilota amb una coça tremenda.

La pilota va sortir volant molt enlaire.

Tots ens vam quedar mirant cap al cel.

I llavors va passar.

La pilota va donar un cop a una càmera zenital de l'Ull de Falcó.

Va semblar un cop sec, sense importància. Amb prou feines un toc.

Al cap de tres segons, però...

La càmera es va desenganxar i va caure al mig del camp.

Ho repetiré per si de cas algú no m'ha entès:

La càmera de l'Ull de Falcó va caure al mig del camp de futbol.

Amb un terrabastall terrible.

Els que primer van saltar al camp van ser el pare i els seus dos ajudants.

–Esteu bé? Esteu bé tots? –cridaven la Llompart i el Camps.

Després hi van saltar diversos tècnics de televisió.

El Tomeu estava garratibat, com si no s'acabés de creure que el seu rebuig hagués destrossat aquell trasto.

–Només és una de les càmeres, no passa res –va dir un tècnic, recollint l'aparell.

–Paket, fill, sortiu del camp ara mateix, que encara us començaran a ploure càmeres sobre el cap! –va cridar la mare.

L'àrbitre estava indecís, però en veure l'esvalot que s'havia armat, va xiular el final del partit. Fet i fet, el temps reglamentari ja s'havia complert.

Resultat:

Girona 1, Pla de Dalt 1.

I l'Ull de Falcó rodolant per terra.

L'Isidre em va passar pel costat.

–Quin desastre que heu fet –va dir.

Però a mi em va deixar ben indiferent.

Havíem empatat amb el Girona.

I jo havia marcat un golàs.

27

–La probabilitat de guanyar el torneig és d'una entre sis mil vuit-centes –va dir el Vuit.

–Ah..., però encara tenim alguna possibilitat de guanyar? –va preguntar el Pessi.

Sortíem de l'escola.

Hi havia periodistes pertot arreu, fent la crònica del torneig.

Per avui ja s'havia acabat tot.

El Vuit ja havia sortit de classe i ens acompanyava.

–Com ha anat l'examen de mates? –li vaig preguntar.

Pel que sembla, el Mosca li havia posat els mateixos problemes.

–Això és bo, oi? –va fer el Camunyes.

–Doncs no, perquè l'altra vegada me'ls vaig copiar i ara s'adonarà que aquell dia no en tenia ni idea..., ni ara tampoc.

–Doncs prou que saps la probabilitat que tenim de guanyar el torneig.

–He sentit que ho deien uns periodistes, quan he acabat de fer l'examen...

A veure.

El Madrid havia guanyat per 3 a 0 el Barça.

Amb la qual cosa, de moment, la classificació del torneig quedava així:

REIAL MADRID	4 punts	+3 gols
BARCELONA	3 punts	+0 gols
GIRONA	2 punts	+0 gols
PLA DE DALT	1 punt	–3 gols

Érem els últims, amb un sol punt.

I faltava l'última jornada en què jugaríem contra el Reial Madrid.

Havíem de guanyar per tres gols de diferència. I esperar que el Barça i el Girona empatessin.

Vet-ho aquí...

Que teníem una possibilitat de guanyar el torneig entre tres mil vuit-centes.

Les mates no enganyen.

Mentre sortíem de l'escola, van arribar corrents l'Aina i la Marilyn.

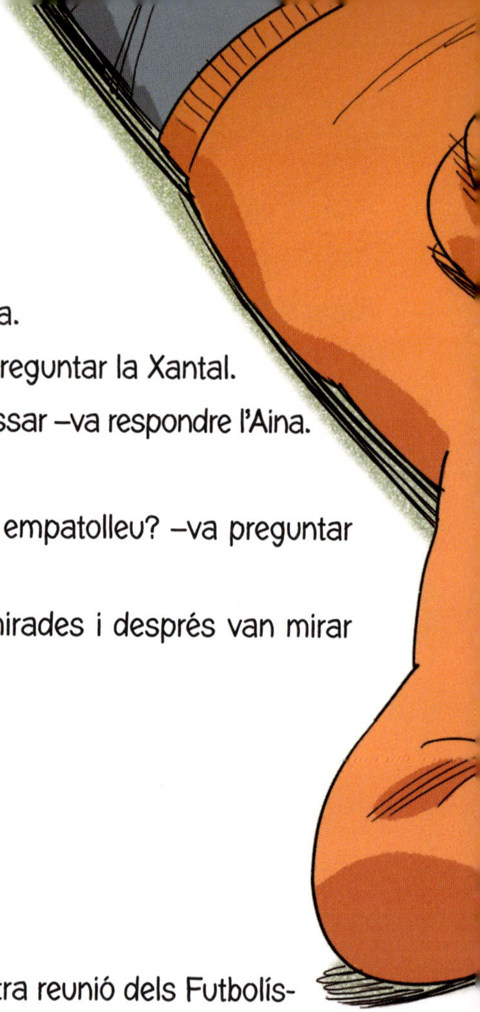

–Ja ho sabia! –va dir l'Aina.

–I jo! –va afegir la Marilyn.

–Jo encara més! –va repetir l'Aina.

–Es pot saber què passa? –va preguntar la Xantal.

–Doncs passa el que havia de passar –va respondre l'Aina.

–És molt fort –va dir la Marilyn.

–Voleu dir d'una vegada què us empatolleu? –va preguntar el Toni.

L'Aina i la Marilyn van canviar mirades i després van mirar al seu voltant.

En un to misteriós, van dir:

–No podem.

–Hi ha massa gent.

–Ens podrien sentir.

–És perillós.

–Val més que convoquem una altra reunió dels Futbolíssims.

–I en parlem.

A què treia cap, tot allò?

Sí que hi havia molta gent, francament.

Però què era allò tan important que no podien explicar?

–Només us diré una cosa..., les pintades –va insinuar l'Aina.

–Les pintades, què? –vaig preguntar.

–Ja sabem qui les ha fet –va dir l'Aina.

–Això mateix –va confirmar la Marilyn.

28

Objectiu: carrer de les Fonts, número 8.

Situació: Urbanització de l'Api. Gironeta.

Hora local: 17 hores i 30 minuts.

Observacions: Diada de Nadal.

–Deixa'm els prismàtics, Camunyes –vaig dir.

–Els prismàtics me'ls ha cagat el tió, de manera que els faig servir jo –va respondre.

–Què t'empatolles, del tió? –vaig fer.

–Ja ho has sentit.

–Camunyes, estem en una missió, no em surtis amb el tió ni amb bestieses i deixa'm els prismàtics –vaig insistir.

Estàvem amagats al darrere d'una tanca del jardí.

D'allà estant podíem veure el finestral de la casa.

A l'exterior no es bellugava res.

Ni al jardí.

Ni al carrer.

–Els sospitosos acaben d'entrar a la cuina –va dir el Camunyes.

–Que em deixis els prismàtics, o me'n vaig! –vaig repetir, cansat.

–No pots marxar fins que no vingui el relleu –em va respondre.

–Que no? –vaig fer–. Ja ho veuràs.

I em vaig posar dret.

–D'acord, d'acord. Té, tingue'ls una estona –va accedir el Camunyes–. Però que consti que són material privat. I si me'ls fas malbé me n'hauràs de comprar uns d'iguals.

–Que sí, pesat.

Amb els prismàtics es veia perfectament l'interior de la casa.

Hi havia tres persones.

Sospitós número u:

Felip.

Sospitós número dos:

Alícia.

I després també hi havia un senyor baixet i calb que no sabíem qui era. Del poble no ho era pas, per descomptat, ni l'hi havíem vist mai.

La situació era la següent:

L'Aina i la Marilyn ens van explicar que havien sentit l'Alícia i el Felip parlant sols al vestidor i que havien dit que no podien continuar traint-nos.

–Segur que ho heu entès bé?

L'Aina es va posar molt seriosa.

–El Felip ha dit, textualment: «no podem continuar traint l'equip, els nois i les noies». I l'Alícia ha contestat: «hem d'acabar-ho per sempre». La Marilyn també ho ha sentit.

Ella va afirmar amb el cap.

I encara hi havia més coses.

Després havien vist que guardaven dos pots de pintura al maleter del cotxe.

–Dos pots de pintura!! Ho veieu? –va exclamar l'Aina.

No podíem pas rebatre l'Aina, francament.

Eren dues proves molt grosses.

S'havien convertit en els sospitosos principals de les pintades, per no dir en els únics.

Encara no en sabíem el motiu, però al final l'esbrinaríem.

–No ens pot passar el mateix que l'estiu passat, a Benidorm –va dir la Xantal–, quan vam pensar que eren ells que falsejaven els partits i després va resultar que no hi tenien res a veure.

–Exacte –va dir el Camunyes.

La Marilyn li va preguntar:

–Cada vegada que la Xantal digui alguna cosa respondràs «exacte»?

–No dic pas «exacte» cada vegada que parla la Xantal –va protestar ell.

–Sí que ho fas –va dir el Toni.

–Sí que ho fas, i tant –vaig confirmar.

–Deixeu-me en pau –va dir el Camunyes–. Parlàvem de l'Alícia i el Felip...

Total:

Vam decidir organitzar grups de vigilància per saber tot el que feien els nostres entrenadors.

Si estàvem de sort, potser els podríem atrapar in fraganti en plena pintada.

Vés a saber.

Davant de la casa el Camunyes i jo estàvem a l'aguait.

Davant de la casa dels nostres entrenadors.

Prenent nota de tot el que feien.

–Hauríem hagut d'instal·lar micròfons secrets a dins –va dir el Camunyes–, per sentir les seves converses.

–Això està prohibit –vaig dir–. Necessites un permís del jutge.

–I per espiar amb aquests prismàtics el que fan a casa seva no necessites cap permís?

–És diferent –vaig dir, sense deixar de mirar pels prismàtics.

Havia de reconèixer que el Camunyes tenia raó: sense sentir què deien, era molt difícil obtenir proves definitives.

Ens hi vam estar fins que van arribar els nostres substituts.

El Tomeu i el Pessi.

–Jo no em puc quedar gaire estona al carrer, que em refredo –va dir el Pessi.

–Tu et quedes fins que et toqui, com tot déu –li va respondre el Camunyes.

–Bé, doncs, però llavors què hem de fer? –va preguntar el Tomeu.

–Vigilar. El que hem de fer és vigilar a veure què fan el Felip i l'Alícia, si surten, si entren... –va respondre el Camunyes–. Vigilar-ho tot una mica. Ara, per exemple, prenen un cafè amb un senyor calb. Doncs això ho apuntes i després ja ho veurem...

–Ho veig una mica avorrit, d'entrada –va admetre el Tomeu.

–I si tenim fred podem entrar a la casa? –va preguntar el Pessi.

–Què t'empatolles? –vaig replicar–. Esteu espiant sense que ells ho sàpiguen. Com vols entrar-hi?

–Vaja, per entrar-hi una estona tampoc no crec que passi res...

–Jo em quedo els prismàtics aquests –va dir el Tomeu.

–Sí, home –va replicar el Camunyes–. Els prismàtics són propietat meva.

–Els hi ha cagat el tió –vaig dir.

–El tió? –va fer el Tomeu, rient–. Que fort.

–Doncs ara, per llest, me'ls emporto i t'has quedat sense prismàtics.

–Però si te'ls hauries emportat de totes maneres...

Al final vaig convèncer el Camunyes que els deixés els prismàtics.

Si no, la vigilància seria molt difícil.

A canvi, el Tomeu i el Pessi li van prometre que també li deixarien els seus regals de Nadal.

Després ens en vam anar.

I vam deixar al lloc de vigilància el Tomeu i el Pessi.

Tranquil·lament.

Al darrere de la tanca del jardí.

Espiant.

El que no ens podíem imaginar és el que passaria aquella nit.

29

–Joana, va, deixa-ho córrer d'una vegada! –va exclamar el pare.

–Si l'únic que dic és que el gol del nen ha estat molt maco i molt emocionant, i tot el que vulguis –va respondre ella–, però que al final no ha servit de res, i ja veus com està la situació: el Girona i el Pla de Dalt a la cua del torneig.

–Però què volies que fessin, els nois? Que es deixessin guanyar? –va preguntar el pare.

Ella va quedar pensativa.

–No dic pas que es deixessin guanyar –va respondre–, però, en fi, que tampoc no calia fer aquell gol...

–Doncs jo crec que han jugat molt bé i que es mereixien guanyar –va sentenciar el pare–. A pastar fang, el Girona.

–Emili, tampoc no et passis, eh? –va dir la mare, molt nerviosa–. A la porra el Girona, no... Perquè si continues així se m'acabarà la paciència...

El meu germà, l'àvia, els tiets i jo els miràvem tot menjant torrons, mentre ells continuaven discutint al mig del menjador com si estiguessin sols.

–Quin exemple per als nens, per al teu propi fill –va dir el pare–. Que perdi expressament. Ho deus trobar molt bonic...

–Ei, no t'inventis coses –ara sí que ens va mirar, la mare–. He dit això? He dit que hauríeu hagut de perdre expressament?

No sabia què contestar.

El Víctor va dir:

–Hauríem hagut d'anar a esquiar, com cada any...

L'àvia també hi va ficar cullerada:

–Som a Nadal, em sembla, i aquesta discussió no porta enlloc...

–Ho veus? –va dir ella–. Ja ha sortit ta mare a defensar-te. Àvia, que el seu fill ja és grandet i no necessita que el defensin.

–Però si no defenso ningú –va protestar ella.

Però els meus pares van reprendre de seguida les acusacions i els retrets, i l'àvia va preferir callar.

–Deixa-ho estar, àvia, que estan en una edat molt dolenta –li vaig dir.

Ella va riure.

I així va anar passant la diada de Nadal.

Entre discussions.

Neules.

Torrons.

I esperant notícies dels vigilants.

Però res.

Quan va arribar l'hora d'anar-me'n a dormir, no havia rebut ni un missatge, ni una trucada, absolutament res.

Em vaig imaginar que els altres no devien haver descobert res important.

Que no havien aparegut més pintades.

I que tot devia estar tranquil.

Però en realitat era justament al contrari.

30

Eren les dotze tocades.

Jo era a la cuina, prenent un got de llet amb galetes i pensant en el partit de l'endemà contra el Reial Madrid.

Se sentia la tele de lluny. Els pares encara eren al menjador.

Havia estat un dia de Nadal molt estrany.

I encara no s'havia acabat.

En aquell moment va arribar un WhatsApp.

Era del Tomeu.

Deia això:

«HA APAREGUT UNA ALTRA PINTADA ANÒNIMA.»

Al cap d'un segon va arribar un missatge més:

«A LA FAÇANA DE L'AJUNTAMENT.»

I un altre:

«ÉS UNA COSA MOLT FORTA.»

Anava a contestar, però vaig sentir el pare que parlava pel mòbil i deia no sé què de l'Ajuntament.

Com que parlava al passadís no l'entenia gaire, però feia referència a la façana de l'Ajuntament.

Després va penjar i va dir:

–Haig de sortir un moment.

–És per la pintada? –vaig preguntar.

–Quina pintada? –va preguntar la mare.

–Ha aparegut una altra pintada? –va preguntar el Víctor, traient el cap per la porta de la seva habitació.

–No són hores de pintades ni d'històries –va dir el pare–. A dormir tothom.

–Però t'han trucat per això, oi? –vaig insistir.

–I què diu aquest cop la pintada? –va preguntar el meu germà.

–Una cosa molt forta –vaig dir.

–I tu com ho saps? –va preguntar la mare.

–No ho sé, però m'envien missatges –vaig respondre.

Cada un dels quatre érem en un lloc diferent de la casa.

El meu germà a la porta de la seva habitació.

Jo a la cuina.

La mare al menjador.

I el pare al passadís.

De manera que parlàvem a crits.

–Au, va, ja n'hi ha prou –va dir el pare–. Surto un moment. Tornaré de seguida.

–Puc venir amb tu? –vaig preguntar.

–I jo? –va saltar el Víctor.

–Tu no hi pintes res –vaig dir.

–I tu ets un mocós que presumeixes de llest amb els teus amiguets –va respondre.

–Vosaltres dos, a dormir –va dir la mare–. Emili, jo vinc amb tu.

–Però, Joana, si vaig a treballar, no vaig pas d'excursió –va protestar el pare–. A més, com vols que deixem sols els nens...

–Quan et convé són molt grans i quan no t'interessa resulta que són nens –va respondre la mare–. Saps què et dic, doncs? Que ara t'acompanyarem tots tres.

–Joana, per última vegada: sóc un agent de l'ordre i me'n vaig a treballar. No hi puc anar pas i endur-me tota la família! –va protestar ell.

–Ximpleries –va sentenciar la mare.

31

Era un pintada enorme i molt llarga.

Amb pintura vermella.

A la façana de l'Ajuntament.

Es veia de molt lluny.

Un munt de veïns, com també alguns periodistes que informaven sobre el torneig, s'havien congregat a la plaça.

Tots miraven i assenyalaven la pintada.

Alguns deien que allò ja passava de taca d'oli i que aquella vegada n'havien fet un gra massa, i que la policia hauria d'intervenir-hi perquè el poble no s'omplís de missatges anònims.

–La policia ha de fer-hi alguna cosa, Emili –va dir una senyora, en veure aparèixer el meu pare.

–No s'hi amoïni, que ja hi treballem –va respondre ell.

L'Antoni Barnils també hi era, acompanyat del Toni. Estaven envoltats de gent que parlaven els uns amb els altres.

L'Esteve i el Llorenç, que últimament semblaven cul i camisa, van sortir al pas del meu pare.

–Emili, això se'ns escapa de les mans –va dir l'Esteve.

–Completament –va afegir el Llorenç.

El Pep Llorenç, president de la Lliga Intercentres, semblava molt alterat.

–No sé per què t'han enviat dos ajudants de la central, si no ets capaç ni de controlar unes pintades –va dir.

–Si em permeteu –va replicar el pare, i es va obrir pas entre la gent.

El Llorenç va continuar dient que no havia vist res de semblant en sa vida.

I l'Esteve li donava la raó tota l'estona.

Mentrestant, el pare es va acostar als seus ajudants, que eren al centre de la plaça.

–Ha aparegut a les zero hores i dos minuts, senyor –va recitar el Camps, així que el va veure.

–T'he dit que no em diguis senyor –va fer ell, tot seriós.

–Sí..., cap –va dir el policia jove.

–Ni *senyor*, ni *cap*. Emili a seques –va repetir el pare.

–Doncs a mi m'agrada, això de *senyor* –va dir la mare.

–Oi que sí, senyora? –va reiterar la Llompart.

–Ho veig com un senyal de respecte –va afegir el Camps.

–Doncs a mi em vénen ganes de riure, cada cop que ho sento –va admetre el meu germà.

–A veure, doncs, qui ha descobert la pintada? –vaig preguntar.

–Francesc, si us plau, que no és cap joc. Al Camps i la Llompart només els puc fer preguntes jo, entesos?

–Però si deies que això de les pintades era cosa de criatures –vaig dir tot seriós.

–És veritat –va dir la mare–. Aquí té raó, el teu fill.

–Si haguéssim anat a esquiar... –va afegir el Víctor.

–És molt tendre venir a treballar amb tota la família –va dir la Llompart.

–Això sí que no –va replicar el pare–. No he vingut pas a treballar amb la família. He vingut a fer una inspecció ocular de l'Ajuntament, fora del meu horari de treball. I, casualment, la meva dona i els meus fills m'han acompanyat.

–Home, Emili, no ha estat pas casualment –va dir la mare.

–Joana, no em contradiguis davant de tothom –va fer ell.

–Procedim a evacuar la plaça? –va preguntar el Camps.

–Aquí ningú no procedeix a evacuar res fins que jo no ho digui! –va esclatar el pare.

El cas és que cada vegada hi havia més badocs.

Havia corregut la veu molt de pressa.

Allò de les pintades era la sensació del Nadal.

Gairebé més que el torneig de futbol i l'Ull de Falcó.

–Però qui ha estat el primer que ha vist la pintada? –vaig repetir.

El Camps i la Llompart em van mirar com si no sabessin si havien de respondre o no.

–Contesteu, apa, contesteu –va dir el pare.

–Doncs, pel que sembla, els primers que l'han vist han estat dos nens d'aquí, del poble –va dir la Llompart.

–A les zero hores i dos minuts –va precisar el Camps.

–I després ens han avisat a nosaltres –va concloure la Llompart.

–Quins nens? –vaig preguntar.

–Francesc, vés amb compte –va dir el pare.

–Vinga, Emili, si el Francesc ho fa molt bé –va dir la mare–. Quins nens, noia?

–Aquells dos d'allà –va respondre la Llompart, assenyalant el Tomeu i el Pessi, que seien en un banc amb cara d'espantats.

–Ja m'encarrego jo d'interrogar-los –vaig dir, i vaig sortir corrents cap al banc.

–Paket, fes el favor de no ficar-t'hi! –va cridar el pare.

Després vaig sentir que discutia amb la Llompart i el Camps i els manava que fessin els possibles perquè ningú no s'acostés a la pintada i que de moment no l'esborressin.

Però m'era ben igual.

Em vaig acostar al Pessi i al Tomeu.

–Què ha passat?

–Ha estat culpa del Pessi –va explicar el Tomeu–. Que si tinc fred, que si marxem, que si aquí no hi fem res, i al final hem anat a descansar una estona. Quan hem tornat, el Felip i l'Alícia ja no eren a casa seva.

–Heu abandonat el lloc de vigilància? –vaig preguntar.

–Una estoneta i prou –va dir el Pessi–. És que hi feia molt fred. A la tele han dit que segurament nevarà.

–El cas és que, en tornar cap a casa, hem passat per la plaça i ens hem trobat això –va dir el Tomeu, assenyalant la pintada.

–O sigui, que deixeu de vigilar una estona el Felip i l'Alícia i apareix una altra pintada anònima –vaig dir–. Quina casualitat.

–Potser no és cap casualitat –va replicar el Pessi.

–A això em refereixo –vaig dir.

–Ah, com que has dit «quina casualitat».

–És una manera de parlar –va afegir el Tomeu–. Oi, Paket?

En aquell moment va arribar el pare.

–A veure, de què parleu? –va preguntar.

–Que fa molt fred i a la tele diuen que potser nevarà –vaig respondre.

El Pessi i el Tomeu van afirmar amb el cap.

–Ja, segur –va dir el pare–. Au, vinga, ja em podeu dir la veritat i ja em podeu explicar què hi fèieu, a la plaça, tots sols a les dotze de la nit.

El Pessi i el Tomeu van canviar mirades i es van empassar la saliva.

No tindrien altre remei que explicar-ho tot al pare.

Que espiàvem els nostres entrenadors i que eren els principals sospitosos de les pintades.

Que en cert moment també havíem sospitat de l'Antoni Barnils, ja que potser li interessava que perdéssim el torneig. I del Pep Llorenç, tot i que no en sabíem el motiu.

–Abans de res una pregunta, pare –vaig dir–. Si espies una persona a casa seva amb uns prismàtics, per exemple, és un delicte greu?

El pare es va gratar el cap i va dir:

–Au, vinga, buideu el pap.

De manera que l'hi vam explicar.

No teníem cap altre remei.

L'hi vam explicar absolutament tot.

El pare va dir que no se'ns acudís espiar ningú més.

I que, a partir d'aleshores, del cas de les pintades se n'encarregava la policia.

Al cap d'una estona, la gent va començar a marxar de la plaça.

Només quedaven la Llompart i el Camps, al costat de la pintada.

I algun badoc despistat.

I nosaltres quatre.

El pare, la mare, el meu germà i jo.

–Què? Tornem cap a casa? –va preguntar el meu germà.

–No molestis el teu pare, que està treballant –va dir la mare–. Escolta, Emili, si encara n'hi ha per estona, els nens i jo anem passant...

Però el pare no va respondre.

Era al davant de la pintada.

Observant-la.

Com si provés d'entendre alguna cosa.

Jo també vaig mirar la pintada amb atenció.

A la façana de l'Ajuntament deia exactament això:

EL PEP LLORENÇ ES GASTA ELS
ESTALVIS AL BINGO

A PARTIR DE DEMÀ A LES VUIT DEL MATÍ
UNA PINTADA NOVA CADA HORA

BON NADAL

L'endemà al matí, el poble va aparèixer cobert de neu.

Faltaven cinc minuts per a les vuit.

Jo mirava per la finestra de la meva habitació.

A la nit havia caigut una nevada enorme.

Estava tot blanc. El jardí. Les teulades de les altres cases. El carrer, fins a on arribava la vista.

Ara ja no nevava ni plovia.

Hi havia una mena de calma, com si no es bellugués res.

Vaig sentir sorolls a l'interior de la casa.

Els pares ja es devien haver llevat.

El meu germà Víctor no ho crec, ja que, quan estàvem de vacances, sempre es quedava al llit fins a mig matí.

Vaig sortir de l'habitació.

I vaig anar de dret a la cuina.

Hi havia la mare esmorzant.

Em va somriure i la primera cosa que em va dir va ser:

–Acabo de parlar amb l'escola. Jugareu els dos partits com estava previst.

Va afegir:

–Encara que hagi nevat.

–Ah –vaig fer.

A les nou jugaven el Girona i el Barça.

I a les deu en punt jugàvem nosaltres contra el Reial Madrid.

–Que no hi és, el pare? –vaig preguntar.

–Ha marxat d'hora.

Em va deixar a la taula un got de llet amb torrades.

Tots dos vam mirar alhora el rellotge de la cuina.

Les vuit en punt.

Segurament vam pensar el mateix.

Si era veritat el que deia l'últim anònim, en aquell moment precís, en algun lloc del poble, devia haver aparegut una altra pintada.

Fins ara tot el que deien les pintades era veritat.

La Xantal i el Camunyes s'havien petonejat.

El Tomeu es pixava al llit.

El Vuit havia copiat l'examen de mates.

El Pep Llorenç no havia negat que es jugués els diners al bingo.

Ara quedava per veure si era veritat la darrera amenaça:

«Una pintada nova cada hora a partir de les vuit del matí.»

Ni la mare ni jo no vam dir res.

–La melmelada la vols de taronja o de maduixa? –em va preguntar.

–Posa-me'n de totes dues –vaig fer.

Ningú no deia res dels anònims.

No calia.

Tots dos hi pensàvem.

Encara més que en el torneig.

En aquell moment va fer cap el Víctor.

... dia –va dir.

–Caram! –va fer la mare–. Com és que t'has llevat tan d'hora?

–Què passa? –va fer ell–. No em puc llevar per veure jugar el meu germanet?

–Encara falten dues hores per al partit –vaig dir–. T'has llevat pels anònims.

–Tu calla, petitó –va respondre ell.

I em va ventar un calbot.

Tots tres vam mirar el rellotge de la cuina.

Potser esperàvem que passés alguna cosa.

Les vuit i cinc.

–Per què no truques al pare? –va dir el Víctor.

–Per què? –va preguntar tota nerviosa la mare.

–Per què vols que sigui? –va dir el meu germà–. Per veure si ha passat res.

Ens vam quedar callats una estona.

En acabat, la mare va tornar a engegar la torradora.

–No penso trucar al teu pare per preguntar-li si ha aparegut una pintada nova –va afegir al cap d'un moment.

–No he dit pas això –es va defensar el Víctor.

–Ho podria fer –va dir la mare–. Però no ho faré pas.

El meu mòbil va emetre un xiulet.

Acabava de rebre un WhatsApp.

A les 08.06 del matí.

Del Camunyes.

«Hola. Novetats?»

Tot el poble estava pendent de les pintades?

–T'han dit alguna cosa? –va preguntar la mare.

–No –vaig respondre–. És el Camunyes, que diu que si hi ha novetats.

–Crec que és una fanfarronada –va dir el Víctor–. No m'ho empasso, que facin una pintada cada hora.

–Prou que t'has llevat, doncs –vaig dir.

–M'he llevat per anar al torneig. Ho captes, petitó?

–Ja ens assabentarem del que sigui –va dir la mare–. No sortirem pas a buscar la pintada pel poble, ara.

Així que va acabar la frase, tots tres ens vam quedar mirant.

Com si penséssim exactament el mateix.

–Anem-hi? –va fer el Víctor.

Ens vam aixecar alhora.

No podíem perdre temps.

–Abrigueu-vos, que fa molt fred –va dir la mare.

Encara no érem al passadís, a punt de vestir-nos per sortir al carrer, que es va obrir la porta de casa.

I va aparèixer el pare.

Portava posat l'abric de policia.

Tenia el nas vermell del fred.

Ens va mirar un moment en silenci.

–Què, doncs? –va fer la mare–. Ens ho diràs o no?

–Ha aparegut una altra pintada a les vuit? –vaig preguntar.

El pare va afirmar amb el cap.

–Sí –va dir.

–I on és? Què diu? –va preguntar el Víctor.

–Ho veureu de seguida –va dir el pare.

Després va mirar la mare tot seriós.

I va dir:

–Joana, et prometo que això no és el que sembla.

33

A la façana de casa meva hi havia una pintada enorme feta amb pintura blava.

Deia el següent:

L'EMILI ÉS DEL MADRID

Què!?

El meu pare, del Madrid?

Com podia ser?

Era veritat?

A la meva família tots som del Girona.

Sempre que podem anem als partits.

Cada temporada comprem les samarretes noves amb els nostres noms estampats.

Aquesta vegada s'havien equivocat.

El culpable, fos qui fos, ja no sabia què posar-hi i s'inventava coses.

Hi havia uns quants curiosos davant de casa meva, veïns i altres persones, que miraven la pintada.

La mare l'observava sense parpellejar.

El meu germà i jo no sabíem què dir.

–Emili –va fer la mare, per fi.

–Joana, tot plegat té una explicació –va fer el pare.

–A mi no em menteixis, eh? –va saltar ella–. Des de quan?

El pare es va empassar la saliva.

Va mirar al seu voltant, com si busqués ajuda.

Per què no deia que era mentida i ja està?

Com podia ser del Reial Madrid, el pare?

–A veure..., és una cosa que... No és el que sembla... –va murmurar.

–Ja ho has dit abans, això –va dir la mare.

Cada vegada arribava més gent.

La Llompart i el Camps també hi eren.

–S'hi ha fixat, cap? –va dir el Camps–. Aquesta vegada ho han fet amb pintura blava. Podria ser una pista.

–O potser se li ha acabat la pintura vermella –va afegir la Llompart.

–Deixeu-me tranquil una estona, ara, que haig de parlar amb la meva família –va demanar el pare.

No podia ser veritat.

De debò era del Reial Madrid?

Per què no ho negava?

–Però si sempre has animat el Girona –vaig intervenir.

–I ho he fet sincerament –va respondre ell–. El que passa...

–Què passa?

El pare es va acostar a la mare i li va dir:

–Joana, no puc més. Haig de confessar: tot plegat ha estat per amor. M'he fet passar per seguidor del Girona per pur amor. Perquè sé que era important per a tu... Però en realitat sóc del Madrid, de tota la vida. Estimo Di Stéfano, Butragueño, Zidane..., Cristiano Ronaldo.

–El Cristiano també? –va preguntar la mare, espantada.

–Sí –va admetre ell–. Sóc madridista de cap a peus.

–Des de quan?

–Des de sempre.

La mare semblava a punt de caure desmaiada.

–Ho he fet perquè t'estimo –va continuar dient el pare–. Perquè sabia que era molt important per a tu. I ho tornaria a fer.

–T'has fet passar per seguidor del Girona durant disset anys? –va preguntar la mare.

–Sí.

–Has celebrat les victòries del Girona i has plorat les seves derrotes, al meu costat, durant disset anys?

–Sí.

–Has cantat l'himne del Girona mentre al fons del cor pensaves en el Bernabéu?

–Sí.

Vaig pensar:

Ara la mare li clavarà un mastegot.

O el fumerà fora de casa.

O alguna cosa pitjor.

Però en comptes d'això, va fer una cosa que ningú no s'esperava.

Cap dels que érem allà no ens esperàvem que la mare fes una cosa així.

Ni els veïns.

Ni la Llompart ni el Camps.

Ni el meu germà Víctor.

Ni jo mateix.

Ni tan sols el pare.

Corria un aire fred.

Tot el carrer i el jardí estaven coberts de neu.

Durant uns quants segons vam estar callats, observant, esperant a veure què passava.

Vet aquí el que va fer la mare:

Es va acostar al pare.

I li va plantar un petó a la boca.

Un petó molt llarg.

Normalment no m'agrada que els meus pares es petonegin, em fa vergonya.

Però aquella vegada va ser diferent.

No sé pas què vaig pensar.

El pare i la mare es passen el dia discutint.

Ara el pare l'havia enganyat a ella i ens havia enganyat a tots.

Fent-se passar per seguidor del Girona.

Quan en realitat era del Madrid!

I, com a resultat, la mare li feia un petó.

Els badocs van posar-se a riure.

Alguns van aplaudir i tot.

El meu germà Víctor va dir:

–Pareu, si us plau.

Però van continuar una estona més.

Fins que la mare es va separar d'ell. Sense deixar-lo anar del tot, va dir:

–Emili Parxet, ets el meu marit i el pare dels meus fills. Ara, a més, he descobert que ets un mentider capaç de renunciar al teu equip, als teus colors... Has estat mentint durant disset anys per amor! Saps què et vull dir?

–Què? –va preguntar el pare, entre sorprès i espantat.

–Que t'estimo.

I li va fer un altre petó.

–Un altre no, si us plau! –va protestar el Víctor.

Tothom va començar a aplaudir ben fort, entre riallades i murmuris.

Fins i tot jo vaig picar de mans.

Després del petó, el pare es va posar molt seriós.

–Au, ja n'hi ha prou, s'ha acabat l'espectacle –va dir–. En marxa, tots. Hem de jugar dos partits. I el més important: hem de detenir l'autor de les pintades. Com em dic Emili Parxet i sóc del Reial Madrid, us asseguro que abans d'acabar el torneig haurem descobert el culpable.

–Ara l'escolto, cap –va dir la Llompart.

34

–L'Ull de Falcó ha desaparegut!

–Què dieu que ha desaparegut? –va fer l'Esteve.

–No pot ser –va afegir el Llorenç.

–Sí que pot ser –va respondre un tècnic amb bata blanca–. En concret, han desaparegut les nou càmeres i les grues. El comandament a distància no se l'han emportat.

–Segur que no ha caigut, com l'altre dia? –va preguntar l'Esteve.

–Una mica de respecte, eh? –va replicar el tècnic–. Que allò va ser un accident. Li dic que no hi és, algú se l'ha emportat. És material d'alta tecnologia, molt delicat.

Tots eren al pati de l'escola.

El partit entre el Girona i el Barça havia de començar de seguida.

El pare també hi era, acompanyat de la Llompart i el Camps.

–Emili, ocupa-te'n –va dir el Llorenç–. Algú ha robat les càmeres de l'Ull de Falcó. Has de trobar el lladre.

–Per descomptat, Llorenç –va fer el pare sense immutar-se.

–A veure –va dir el Camps, assenyalant el Llorenç–. Vostè, per exemple: a causa d'aquesta història del bingo, té deutes pendents?

–Però com s'atreveix...? –va protestar el Llorenç–. No deu voler insinuar que jo...

–Només procuro fer la meva feina –va respondre el Camps–. Si algú ha robat aquelles càmeres, n'hem de buscar els motius.

–Això és intolerable –va dir el Llorenç, mentre s'allunyava–. Una cosa és una pintada i una de molt diferent és ficar-se a la vida personal dels altres.

–Afluixa una mica, Camps –va dir el pare.

–Sí, cap.

L'Esteve semblava desconcertat.

–Haurem de jugar els dos últims partits sense l'Ull de Falcó. Ja ha arribat tothom –va dir, girant-se cap al tècnic de la bata blanca.

–Sense càmeres ni grues no puc fer res, jo... –va respondre ell–. Quina llàstima. Tanta il·lusió que els feia aquest torneig, als de la Federació...

–El torneig continua, això no es pot aturar –va dir l'Esteve, procurant mostrar entusiasme, tot i que es veia que estava alterat–. El partit ha de començar ara mateix, que els periodistes i el públic ja estan a punt.

A les grades hi havia un munt d'espectadors.

El Gustau Ferrada, l'alcalde, i el seguici que l'acompanyava sempre.

La mare amb les seves amigues i les banderes i bufandes del Girona.

També hi havia l'Antoni Barnils.

I mig poble.

El camp era ple de gom a gom.

Jo seia a les grades, amb el Camunyes, el Tomeu i el Pessi.

Hi havia un munt d'operaris acabant de netejar el camp de neu.

Havia vingut públic de tot arreu.

–Creus que vénen a veure el partit o les pintades? –va dir el Pessi.

–El partit –va dir el Camunyes–. Veritat?

–A més a més, les pintades poden aparèixer en qualsevol lloc del poble –va raonar el Tomeu.

Al cap d'una estona va comparèixer la resta de l'equip: la Xantal, la Marilyn, l'Aina i el Vuit.

Només faltava el Toni.

–Doncs jo continuo pensant que han estat l'Alícia i el Felip –va dir l'Aina.

–Com podien saber allò del meu pare? –vaig preguntar.

–I com podien saber que el Llorenç es gasta els calés jugant al bingo? –va preguntar la Xantal.

–A part d'això, si t'hi fixes, com podien saber que la Xantal i jo ens havíem fet un petó?

–Ja hi tornem a ser amb el tema del petó –va remugar la Marilyn–. D'acord, que sí, que ja sabem que et vas petonejar amb la Xantal. No cal que ho repeteixis tota l'estona.

–Escolta, que només ho deia com a exemple –es va defensar el Camunyes.

–Ja n'hi ha prou, Marilyn, ara et diré la veritat d'allò del petó –va anunciar la Xantal.

–Encara hi ha més coses? –vaig preguntar–. Si ja ho heu explicat tot.

–Tot no –va dir la Xantal–. Vaig prometre al Camunyes que no ho diria a ningú, però ja n'estic farta: és veritat que ens vam fer un petó...

–Més d'un –va precisar el Camunyes.

–Els que siguin, no té importància. Però ho vam fer per una sola raó –va explicar la Xantal–: per tu.

I va assenyalar la Marilyn.

–Per mi?

–Doncs sí –va dir la Xantal–. Per tu. Perquè al Camunyes li agrades molt i li feia vergonya.

–Però el què? –va fer la Marilyn, que no entenia res.

Reconec que jo tampoc no m'hi aclaria.

–Doncs que em feia vergonya fer-te un petó, perquè no n'he fet mai cap a ningú! –va dir el Camunyes–. I vaig demanar a la Xantal que me n'ensenyés. Vet aquí la veritat.

–Vas demanar a la Xantal que te n'ensenyés per poder fer un petó a la Marilyn? –vaig preguntar.

–Però si aquestes coses no s'ensenyen –va dir el Pessi.

–Què en saps, tu! –li va etzibar el Camunyes.

–Més coses que tu, pel que sembla –va replicar el Pessi.

–Ben dit –va fer el Vuit.

–Però per què no ho vau dir des del començament? –vaig preguntar.

–Doncs perquè li vaig prometre que no ho explicaria a ningú, però em sembla que val més dir la veritat i ja està –va admetre la Xantal.

–Ho vas fer per mi? Perquè et feia vergonya? –va preguntar la Marilyn.

–T'ho prometo –va respondre el Camunyes.

–I et va agradar?

–Què!?

–Mentre la Xantal t'ensenyava a fer petons... Et va agradar? –va repetir la Marilyn.

De sobte es va fer el silenci.

–Camunyes, no contestis –va dir el Pessi.

–Tu calla, que no t'he preguntat res –va dir la Marilyn–. Respon, et va agradar o no et va agradar?

El Camunyes va emetre un so semblant a aquest:

–Mmmmmmmmmmm.

Feia una cara com si estigués a punt d'explotar.

–Digues la veritat –va insistir la Marilyn.

–Diguis el que diguis, estàs ben llest –va fer el Pessi.

El Camunyes es va empassar la saliva.

Va girar cua.

I va marxar corrents.

–Es pot saber on vas? –va preguntar la Marilyn–. Vine aquí ara mateix!

I ella també va sortir corrents. Al darrere del Camunyes.

–Contesta! –va cridar, mentre l'empaitava.

Ens vam quedar mirant com corrien tots dos pel pati.

La Xantal em va mirar de reüll.

Jo també em vaig girar cap a ella.

–Algú sap on s'ha ficat el Toni? –va preguntar el Tomeu.

Era l'únic de l'equip que encara no s'havia presentat.

Aviat en descobriríem el motiu.

El partit entre el Girona i el Barça va començar a l'hora prevista.

A les nou en punt.

La mateixa hora en què va aparèixer l'altra pintada.

35

Quan les pintades parlaven de nosaltres, ningú no se les havia pres gaire seriosament.

Ara que feien referència als adults, però, la gent del poble estava molt amoïnada.

Semblava que no hi havia cap secret fora de perill.

Es continuaria complint, l'amenaça?

Una pintada nova cada hora?

Al pati de l'escola, al darrere mateix del camp de futbol, hi ha els lavabos.

És una zona una mica apartada.

Davant dels lavabos hi ha una paret enorme que separa l'escola del carrer.

Una paret de maons.

Una paret idònia per fer-hi una pintada.

Va ser allà on va aparèixer la inscripció anònima de les nou del matí.

Mentre els dos equips jugaven el partit que havien d'intentar guanyar si volien endur-se la victòria del torneig, es va sentir un murmuri darrere nostre.

Em vaig girar i vaig veure que unes noietes parlaven amb els seus pares.

Immediatament, els pares van anar a avisar la policia, o sigui, la Llompart i el Camps, que observaven el partit des de fora del camp.

Els pares de les nenes i els dos policies es van dirigir cap a la zona dels lavabos.

Vaig donar un cop de colze al Camunyes.

Ell va donar un cop de colze al Tomeu...

I així successivament, fins que tots els de l'equip vam baixar de les grades i vam seguir els dos agents.

En girar a la cantonada ho vam veure.

Un noi d'onze anys s'esforçava per esborrar una pintada enorme que hi havia a la paret del darrere de l'escola.

La pintada deia:

L'ANTONI BARNILS ESTÀ
ARRUÏNAT I TANCARÀ LA FÀBRICA

El noi que esborrava la pintada era...

...el Toni.

Intentava fer-la desaparèixer fregant-la amb la neu que agafava de terra.

Però no se'n sortia.

El meu pare parlava amb ell, com si provés de convèncer-lo que parés, que no aconseguiria res.

–És mentida! –va exclamar el Toni.

El meu pare el va abraçar.

–No pateixis, Toni, que són coses de persones grans. No pots fer-hi res, tu.

Nosaltres miràvem la pintada sense saber què dir.

–No s'hi val –va fer el Toni.

Quan es va adonar que arribaven curiosos a veure la pintada, va deixar de fregar-la. No s'hi podia fer absolutament res.

Després ens va veure a tots vuit.

Els seus companys d'equip.

Semblava a punt de plorar.

Ell sempre presumia del seu pare i del fet que les patates Barnils es venien a la Xina i no sé a quants llocs més.

Devia ser veritat, el que deia la pintada?

Fins ara totes deien la veritat.

–Si està arruïnat, com és que ha patrocinat l'equip i ha promès que arreglaria els camps? –va preguntar el Tomeu en veu baixa.

–Precisament per això –va dir l'Aina-. Perquè la gent pensés que el negoci li anava molt bé.

La Xantal es va acostar al Toni i es va posar al seu costat.

De mica en mica va anar arribant més gent.

I, com de costum, també van comparèixer alguns periodistes amb les seves càmeres.

Tot i que a pocs metres jugaven el Barça i el Girona, semblaven més interessats en la pintada.

–Cap, aquesta vegada és amb pintura blanca –va dir el Camps.

–Potser ho han fet per despistar –va dir la Llompart.

El pare semblava que no els escoltés.

Tenia els ulls fixos a la pintada.

I després els va girar cap al cel.

Potser resava.

O demanava ajuda divina per resoldre el cas.

Per fi va arribar l'Antoni Barnils.

Al seu costat hi havia l'alcalde.

I molta més gent.

L'Antoni es va acostar al seu fill.

Li va dir:

–Anem-nos-en, vinga.

El Gustau Ferrada, l'alcalde, va aixecar la veu i va dir:

–Això de les pintades anònimes és un delicte contra la via pública i contra la intimitat de les persones. Us ben asseguro que el culpable la pagarà.

Després es va girar cap al meu pare.

Ell no va badar boca.

Estava molt capficat.

L'alcalde es va adreçar a l'Antoni Barnils.

–Ja saps que el poble sempre donarà suport a patates Barnils –va dir.

–Gràcies –va respondre l'Antoni.

Tots esperàvem que hi afegís alguna cosa.

Que allò de la pintada no era veritat.

Que la fàbrica anava com una seda.

Que no tancarien.

En comptes d'això, va agafar la mà del seu fill i li va dir:

–Au, vinga. Anem cap a casa, Toni.

Mentre caminaven cap a la sortida es van sentir més murmuris. La fàbrica donava feina a diverses persones del poble. Devia ser veritat, que plegaria?

De fons es va sentir un «Uiiiiiiiii» fortíssim.

Algú havia estat a punt de marcar.

En aquell mateix moment van aparèixer l'Alícia i el Felip.

Els nostres entrenadors.

–Es pot saber què hi feu, aquí? –va dir el Felip.

–Tots al vestidor –va manar l'Alícia–. Us heu de canviar. D'aquí a una estona juguem un partit contra el Reial Madrid. No sé si us en recordeu...

Els vam mirar amb desconfiança.

Devien ser ells, els autors de les pintades?

Podia tenir raó, l'Aina?

–Vinga, som-hi –va dir el pare–. Que no heu sentit els vostres entrenadors?

–I el Toni? –va preguntar la Marilyn.

36

Pla de Dalt – Reial Madrid.

L'últim partit del torneig.

El partit entre el Girona i el Barça es va acabar amb un empat a 0.

De moment, per tant, la classificació estava així:

REIAL MADRID	4 punts	+3 gols
BARCELONA	4 punts	+0 gols
GIRONA	3 punts	+0 gols
PLA DE DALT	1 punt	–3 gols

Si el Madrid empatava o guanyava el nostre partit, seria campió del torneig.

Encara que perdessin per un o dos gols, serien campions igualment.

La nostra única possibilitat era guanyar el Reial Madrid.

I guanyar per més de tres gols.

El millor equip infantil d'Europa.

Encara que fos amb el seu quart equip.

No havíem guanyat ni un partit en els darrers mesos.

A més, tothom pensava en les pintades.

I, per acabar-ho d'adobar, teníem una baixa molt important: el Toni.

El màxim golejador de l'equip.

D'acord que és un tifarrot.

I que no em cau bé.

Però sense ell, el nostre equip és molt pitjor.

–El més important no és guanyar el partit, ni guanyar el torneig –va dir el Felip.

Érem al vestidor, a punt de sortir al camp.

«El més important és descobrir qui ha fet les pintades», vaig pensar.

–El més important –va afegir el Felip– és que juguem com un equip i que algun dia recordarem que ens vam enfrontar al Reial Madrid i li vam plantar cara.

L'Aina va aixecar la mà i va preguntar:

–No trobeu estrany que no hi hagi cap pintada sobre vosaltres dos?

–Eh? –va fer el Felip–. A què et refereixes?

–Vull dir que apareixen pintades relacionades amb gairebé tots els que formen part de l'equip... –va insistir l'Aina–. Llevat de vosaltres.

–No sé pas què vols dir –va replicar l'Alícia, molt tranquil·la–. Però tampoc no hi ha cap pintada que parli de tu, per exemple, ni del... Paket...

–N'hi ha una que parla del meu pare! –vaig fer.

–Sigui com sigui –va continuar dient l'Alícia–, aquest no és el tema.

–I quin és el tema? –va preguntar el Camunyes.

–Doncs el tema és que si sortiu a jugar contra el Reial Madrid pensant en les pintades, ens guanyaran per pallissa –va respondre ella.

Tenia raó.

Però les coses no eren tan senzilles.

Com ens podíem oblidar de tot el que passava i jugar un partit de futbol sense més ni més?

–Us proposo un tracte –va dir el Felip–. Si us oblideu de les pintades durant una hora, us prometo que l'Alícia i jo us convidarem a tots a veure un partit al Camp Nou.

–A tots? –va dir l'Alícia, espantada.

–Bestial! –va exclamar el Camunyes–. A veure el Barça!

–Jo sóc del Girona –vaig dir–. Val més que anem a l'estadi de Montilivi.

–On vulgueu, al Camp Nou o al Montilivi –va dir el Felip–. Podeu triar.

–Recorda que el teu pare és del Reial Madrid –va dir el Pessi–. Potser encara no ho saps, però tu també podries ser del Reial Madrid.

–No diguis bestieses, Pessi –vaig replicar.

–Aniríem a veure un partit de debò? –va preguntar la Marilyn.

–Sí –va respondre el Felip–. Em sembla que és un bon tracte.

–Les entrades les compres tu, t'aviso –va dir l'Alícia.

–Què, doncs? Hi ha tracte o no? –va preguntar l'entrenador.

–Sí –va dir el Camunyes–. Però al Camp Nou.

–Ja ho veurem –vaig dir.

Crec que el Felip ho feia amb bona intenció. Si no volíem fer el ridícul al partit, valia més que ens concentréssim. De manera que vaig dir:

–D'acord.

I tots vam dir que sí.

–Molt bé –va dir el Felip–. Doncs ara sortiu a jugar a futbol.

El partit hauria d'haver començat a les deu en punt.

Però per culpa de l'última pintada i tota la pesca, se'ns havia fet una mica tard.

Una miqueta.

Quan vam saltar al camp, eren exactament les deu i quatre minuts.

Se'm va acudir una pregunta:

Devia haver aparegut una altra pintada?

37

Aquest cop no era en una paret, la pintada.

Ni a la façana d'una casa o de l'Ajuntament.

Aquesta vegada l'havien fet en un llençol blanc.

Algú havia penjat un llençol blanc en una finestra del tercer pis de l'escola.

Davant de tothom.

La inscripció es llegia perfectament:

EL FELIP I L'ALÍCIA SE'N VAN DEL POBLE

La vam veure així que vam sortir del vestidor.

Tots els espectadors miraven cap amunt.

I comentaven la pintada.

Davant del camp de futbol, penjat a la finestra, hi havia el llençol.

El Felip i l'Alícia, els nostres entrenadors, van quedar clavats a terra, en veure'l.

–Què significa que us n'aneu del poble? És veritat? –va preguntar la Marilyn.

–Us n'aneu de vacances? –va preguntar el Pessi.

Ells no deien ni piu.

–Teníem intenció d'explicar-vos-ho després –va respondre l'Alícia.

–No volíem que repercutís en el resultat del partit –va afegir el Felip.

Pel que deien, no semblaven pas unes vacances.

Una altra pintada.

I un altre cop semblava que era veritat el que deia.

–A on aneu, doncs? –va preguntar el Camunyes.

El Felip i l'Alícia es van mirar.

–D'acord –va dir el Felip–. Total, ja no té importància: ens han fet una oferta per entrenar un equip.

–I no hem pogut dir que no.

–Ens han proposat d'entrenar... l'equip infantil del Girona –va afegir el Felip.

Què!?

El Felip i l'Alícia, entrenadors del Girona?

Quan?

Per què?

–Al Girona? –vaig exclamar.

–Vol dir que ja no sereu els nostres entrenadors? –va preguntar la Xantal.

–Ens abandoneu? –va dir el Pessi.

–No ens posem dramàtics –va dir l'Alícia–. És una oportunitat única i l'hem d'acceptar. Ho hem rumiat molt. Us vindrem a veure sempre que puguem.

–Necessiteu fitxar un porter? –va preguntar el Camunyes.

–Que no eres del Barça, tu? –va preguntar el Vuit.

–Ja, d'acord –va dir el Camunyes–, però un futbolista ha d'anar allà on el demanen.

–Ens sap greu que us n'hàgiu assabentat així –va dir l'Alícia.

–Us ho pensàvem dir després –va explicar el Felip–. Però això no té res a veure amb el partit que jugarem ara.

Aleshores va aparèixer l'home calb amb bigoti que havíem vist el dia abans a casa seva.

–No sé com ha pogut passar –va dir l'home–. No ho he dit pas a ningú, jo.

–Qui és aquest? –va preguntar el Tomeu.

–Us presento el Martí Carulla –va dir l'Alícia–, director esportiu de les categories infantils del Girona.

Ara encaixava tot.

Per això era a casa dels entrenadors, aquell home.

–Heu de saber que teniu uns entrenadors magnífics –va dir el Martí–. Ahir, per exemple, durant el partit contra el nostre Girona, es van lluir molt duent a terme aquells canvis tàctics... I..., i vosaltres també, és clar. Us prometo que els cuidarem molt bé, al nostre club.

Estàvem muts.

A veure:

El Felip i l'Alícia se n'anaven per entrenar el Girona.

–Perdoni, senyor –va dir el Camunyes–. Necessiten algun porter? Jo, pel Girona, faig el que convingui...

Va avançar-se un pas i va dir:

–Però qui ens entrenarà, d'ara endavant?

–Això ho hauran de decidir l'Esteve i l'escola –va respondre l'Alícia–. Nosaltres li recomanarem alguns entrenadors molt bons.

Van aparèixer la Llompart i el Camps.

–Disculpin la interrupció –va dir la Llompart–. Però haurien de sortir a jugar el partit. Hi ha molt públic i no volem que hi hagi més retards.

–Ara mateix anirem a treure el llençol de la finestra –va afegir el Camps.

Vam donar una ullada al camp de futbol.

Hi havia els jugadors del Reial Madrid, fent l'escalfament.

Les pintades no els afectaven gens ni mica, a ells.

Ni que l'Alícia i el Felip deixessin l'equip i el poble.

Ells només s'esperaven per jugar un partit.

I guanyar el torneig.

38

La primera part del partit es resumeix en una paraula:

Ridícul.

El que vam fer nosaltres.

Em sembla que vam tocar la pilota tres o quatre vegades.

Podria donar diverses excuses:

Que estàvem preocupats per les pintades.

Que el nostre jugador més bo no hi era.

Que els nostres entrenadors ens abandonarien.

Però, francament, l'única veritat és que vam jugar fatal.

Pèssimament.

Només vam tenir sort en una cosa:

Al Reial Madrid tant se li'n donava empatar, guanyar o perdre per la mínima.

Qualsevol dels tres resultats els convertiria en campions del torneig.

De manera que no ens van pressionar gaire.

Més aviat es van dedicar a tenir la possessió de la pilota.

I a deixar passar el temps.

Quan s'acabaven els trenta segons, xutaven cap a la nostra porteria des de qualsevol posició.

El Camunyes va haver d'esforçar-se de valent.

De fet, va ser l'únic que va tocar la bola diverses vegades.

Cada cop que l'atrapava, es posava dret i somreia als espectadors tot alçant el polze.

Es veu que volia impressionar el delegat del Girona, el Martí Carulla.

Tota l'estona el mirava, després de cada parada.

Al minut divuit, el número 3 del Reial Madrid va fer un llançament potentíssim des de fora de l'àrea.

Va ser un llançament dur i fort.

El Pessi es va acotar en veure venir la bola a tota velocitat.

El Tomeu també es va apartar.

El Camunyes va fer un pas enrere i va estirar els punys per rebutjar-la.

Però la pilota anava molt de pressa.

Li va relliscar als guants...

I va entrar a la porteria.

Gol del Reial Madrid.

Ens vam mirar sense entendre què havia passat.

El Madrid ni tan sols no feia pressió.

Només deixaven passar el temps.

I tot i així guanyaven per 1 a 0.

Si s'ho haguessin proposat, segurament ens haurien esclafat a gols.

La mare i les seves amigues es van posar dretes.

–Camunyes, espavila't, que sembles del Reial Madrid! –va dir.

Ell la va mirar amb cara de pomes agres.

–Però si he fet més parades avui que en tota la temporada! –va protestar.

El Felip li va manar que callés:

–Camunyes, estigues per la feina. Els jugadors no contesten a les provocacions del públic.

–Ei, tu, entrenador de pa sucat amb oli –va dir la mare–. A veure si tens una mica de respecte, per mitja hora més que t'estaràs al poble. No he provocat ningú, jo. Només dic que aquesta manera de rebutjar amb els punys és una caca... Segur que l'hi has ensenyat tu.

El Felip es va girar cap a ella.

–Joana, t'ho demano per favor –va dir–. No distreguis l'equip, si us plau.

–Jo també t'ho demano per favor, Felip –va replicar la mare–.

Fes alguna cosa perquè l'equip jugui a futbol, o vés-te'n cap a casa.

Hi havia una cosa que el Felip no sabia:

Que la mare sempre tindria l'última paraula.

No tenia importància el que digués ell o qualsevol altre.

–Deixa-la estar, Felip –va dir l'Alícia.

–Això mateix, deixeu-me estar –va replicar la mare–. A veure si hauré de fer jo d'entrenadora.

Els espectadors semblaven esperar amb impaciència les onze perquè aparegués una altra pintada.

Es veia ben clar que el que passava al camp no els interessava en absolut.

El Reial Madrid guanyaria el partit. I també guanyaria el torneig. Quina importància tenia que encaixessin més o menys gols?

Per fi es va acabar la primera part.

Reial Madrid 1, Pla de Dalt 0.

Un equip deixava que passés el temps.

I l'altre, nosaltres, érem incapaços de fer una sola jugada.

Quan ens dirigíem al vestidor, vaig mirar el rellotge del camp.

Les 10.45 h.

En un tres i no res tindríem notícies de la pintada següent.

O no.

39

–No cal ni dir que no heu complert la vostra part del tracte –va dir el Felip.

–No pots saber en què pensàvem –va protestar el Tomeu.

Érem tots al vestidor.

–Insinues que no pensàveu en les pintades? –va preguntar l'Alícia–. Insinues que us heu concentrat completament en el partit? Que en cap moment de la primera part no heu pensat gens en els anònims...?

Semblava molt empipada.

–Tampoc no és això, ben bé... –va provar de defensar-se el Tomeu.

–Estic molt decebuda –va dir la nostra entrenadora.

–Només perdem per un a zero –va dir el Camunyes–. I he fet unes quantes parades, jo.

–Això rai –va replicar l'Alícia–. No havia vist una cosa igual des que em dedico a fer-vos d'entrenadora. En cap moment no heu jugat com un equip. En cap moment no heu posat en pràctica cap tècnica que hàgim entrenat en el darrer any i mig. En cap moment no heu jugat a futbol... Sabeu què? Que m'alegro de tocar el dos.

Ens vam quedar callats.

El Felip va provar de calmar-la.

–Alícia, no diguis aquestes coses...

Però ella se'n va anar del vestidor.

Va sortir donant un cop de porta.

Ens vam quedar quiets, sense saber què fer.

Ningú no gosava dir res.

Ni el mateix Felip.

Ens vam mirar els uns als altres, provant de trobar una resposta.

Fins que algú va trencar el silenci.

El Pessi va sospirar i va dir:

–Quina dona. Ha de ser terrible estar-hi casat.

El Felip va arronsar les espatlles:

–Com vols que no ho sàpiga?

El camp era ple d'espectadors.

De periodistes.

Hi havia tot el poble.

I molta gent que havia vingut d'altres llocs, fins i tot de la capital.

Potser havien vingut encuriosits per les pintades.

No ho podíem saber.

Però quedava mig partit.

I no ens podíem rendir pas.

De sobte vaig tenir una pensada:

–Felip, et faria res deixar-nos sols un parell de minuts?

–I ara, i tant que no –va respondre ell, estranyat–. Vaig a buscar l'Alícia. Us esperem al camp. El resultat d'aquest torneig depèn de vosaltres.

Quan ens va deixar sols, vaig dir:

–Reunió urgent dels Futbolíssims.

–Quan? –va preguntar el Vuit.

–Ara mateix.

–On? –va preguntar la Marilyn.

–Aquí.

–Em sembla molt bona idea –va admetre la Xantal.

–Ah, sí? –vaig fer, estranyat.

–Explica't, Paket –va dir el Tomeu–. A què treu cap aquesta reunió dels Futbolíssims?

Vaig mirar els meus companys i vaig dir:

–Molt senzill. Hem promès que sempre jugarem junts, passi el que passi. I ara tenim l'oportunitat de jugar un partit com Déu mana, contra un equip de primera, amb el camp ple, amb fotògrafs i càmeres de televisió. Penseu-ho bé: quan tornarem a jugar contra el Reial Madrid? No ho sabem pas. Potser d'aquí a un any. O dos. O mai. Potser serà l'única vegada a la nostra vida que juguem contra el Reial Madrid. I deixarem que ens distreguin altres coses?

–Jo faig el que puc –va dir el Camunyes.

–Continua, Paket –va dir la Xantal.

–És que ja havia acabat –vaig respondre, arronsant les espatlles.

–Bé, doncs continuaré jo –va dir ella–. Potser és l'últim partit que juguem amb el Felip i l'Alícia. Potser continuaran apareixent més anònims i es descobriran més secrets. També podria ser que tanquessin la fàbrica de patates del poble. És possible que el Vuit no sigui tan bon davanter com el Toni. Potser ho tenim tot en contra...

–Para, que m'agafen ganes de plorar –va dir el Pessi.

–Però... –va fer la Xantal.

–Encara sort que hi ha un però –va afegir el Pessi.

–Però som els Futbolíssims –va continuar dient la Xantal, molt convençuda–. Podem guanyar o podem perdre. El que no podem és deixar de jugar a futbol. Sortim al camp i juguem com un equip de debò. Ja ho hem fet altres vegades, en situacions pitjors.

–Té raó! –va exclamar la Marilyn.

–Som els Futbolíssims –va afegir el Tomeu.

–Ara sortirem i jugarem com Déu mana, passi el que passi –va fer l'Aina.

La Xantal va allargar la mà.

I, a poc a poc, tots vam anar posant les mans al damunt de la seva.

–Ei, que m'esclafeu –es va queixar el Pessi.

Quan havíem ajuntat totes les mans es va obrir la porta del vestidor...

I va aparèixer el Toni.

–Què feu? Una reunió dels Futbolíssims sense mi?

–Toni!

–Quina sort que hagis vingut.

–És clar. Què us pensàveu?

–És veritat que el teu pare tancarà la fàbrica?

Ell va arronsar les espatlles.

–No és cosa meva –va dir.

Sense vacil·lar ni un segon, el Toni es va acostar i va posar la mà sobre les nostres.

Per primera vegada a la vida, em vaig alegrar de veure'l.

Allà, tots junts, agafats com podíem amb les mans unides, vam dir:

–Futbolíssims!

I vam sortir al camp.

Disposats a jugar la segona part.

Sense saber què trobaríem.

40
LA MARILYN VA FER UN SERVEI DE CENTRE.
QUINA NOVETAT. EL TONI EM PASSAVA LA BOLA A MI! VA PASSAR LA BOLA.
AQUÍ, PAKET!

MEVA!
EL TONI SEMBLAVA QUE ANÉS A FER UN DRIBLATGE,
PERÒ, ES VA ENDUR LA BOLA CAP A L'ESQUERRA.

RÈCORD MUNDIAL! EL TONI ROBAGOLS ME LA TORNAVA A PASSAR!

GOL!
EN MENYS DE VINT SEGONS HAVÍEM EMPATAT EL PARTIT. REIAL MADRID 1, PLA DE DALT 1.
TOTHOM S'ABRAÇAVA. PERÒ NO PODÍEM PERDRE TEMPS. HAVÍEM DE MARCAR TRES GOLS MÉS.

41

Ara el públic semblava més interessat.

Gairebé a cada jugada hi havia una situació de perill.

Ara sí que jugàvem en equip.

Amb ganes.

No ens importava qui tinguéssim al davant.

Que fos el Reial Madrid.

O qualsevol altre.

Potser era per l'efecte sorpresa, però teníem moltes ocasions de gol.

Ells encara no reaccionaven.

D'un partit dominat per l'ensopiment havien passat a tenir al davant un equip disposat a remuntar.

Fins i tot el Tomeu va rematar de cap i va estar a punt de fer un gol.

L'entrenador del Madrid deia a crits als seus jugadors que no es moguessin.

El Felip i l'Alícia cridaven encara més perquè no deixéssim de jugar en equip.

A cada jugada ens passàvem la pilota. Mirant-nos. Sense pressa.

La Marilyn va córrer per la banda, va deixar enrere un lateral i va centrar a l'àrea.

Llavors hi vam entrar el Tomeu, la Xantal, el Toni i jo per rematar. Tots alhora.

Entre els defenses i nosaltres quatre, que ens clavàvem empentes, la bola va sortir rebotada.

Va caure als peus del Pessi, l'únic que no era dins de l'àrea.

El Pessi va fer un sospir.

I va clavar una coça a la bola amb tota l'ànima.

La bola va sortir disparada cap a la porteria.

Va rebotar a l'esquena d'un defensa.

I després a l'esquena del porter, que havia sortit a rebutjar-la.

Després va anar a rebotar al pal.

I al final va entrar a la porteria!

Goooool!

Gol del Pessi.

–És el primer gol que faig en tot l'any! –va cridar.

Tothom es va posar dret entre crits i aplaudiments.

Reial Madrid 1, Pla de Dalt 2.

Si fins i tot el Pessi era capaç de marcar, potser encara era possible un miracle.

Podríem marcar quatre gols al Reial Madrid?

Els espectadors feien bots i cantaven.

Pla-de-Dalt

gua-nya-rà,

Pla-de-Dalt

ra-ra-ra

Llavors, quan jugàvem més bé.

Sense que ens importessin les regles noves.

Ni les pintades.

Ni absolutament res.

Quan crèiem que tot era possible...

Van haver d'aturar el partit.

Perquè va aparèixer davant de tothom.

Al mig del camp.

L'Ull de Falcó.

42

–Què fas amb aquest trasto, Emili?

A les grades i al camp tothom havia quedat en silenci.

Excepte la mare, que s'havia aixecat. Tot movent els braços, va tornar a cridar:

–Es pot saber què fas amb aquest trasto?

El pare, ajudat per la Llompart i el Camps, va aparèixer al camp...

Amb l'Ull de Falcó!

–Joana, si us plau, que això és un afer oficial –va dir.

Portaven les nou càmeres a remolc d'una grua de l'Ajuntament. Conduïa la Llompart, que va tocar la botzina.

–Deixeu pas! Aparteu-vos, que haig d'entrar fins a la taula amb l'ordinador! –deia, mentre feia marxa enrere.

El tècnic de la bata blanca va semblar que s'emocionava en veure l'ull. Va saltar al camp i va exclamar:

–Per fi!

Va anar de dret cap a la grua.

–Funciona o l'han espatllat? –va preguntar, nerviós.

–Ara mateix ho veurem –va respondre el meu pare.

–Enhorabona, Emili, et felicito –va dir l'Esteve, que també s'havia aixecat–. Qui és el lladre?

Tots vam mirar el pare.

Que va fer un pas endavant i va dir:

–Jo.

Què?

El meu pare havia robat l'Ull de Falcó?

–En fi, la Llompart i el Camps també –va aclarir–. Hem estat tots tres.

–Nosaltres complíem ordres –va precisar el Camps.

–Què dius, ara? –va fer l'Esteve, que gairebé havia quedat mut–. Què t'empatolles, Emili? La policia? Robant?

–En realitat només l'hem agafat en préstec –va respondre el pare. I després es va adreçar al tècnic de la bata blanca–. Podria connectar-lo al monitor, si us plau? Voldríem veure una cosa...

La meva mare estava molt alterada.

–Però tu hi toques, Emili? Com se t'acudeix de fer una cosa així?

Llavors es va sentir una veu procedent del camp de futbol.

Una veu que deia:

–Amb l'Ull de Falcó hem gravat l'autor de les pintades anònimes.

Tothom es va girar.

Per descobrir qui havia parlat.

Era allà.

Al mig del camp.

Al costat de la porteria.

El Francesc.

El Cesc.

El Paket.

O sigui, jo.

–Amb l'Ull de Falcó el meu pare ha gravat l'autor de les pintades –vaig repetir.

I em vaig girar cap a ell, esperant que em donés la raó.

–Efectivament, Paket –va dir.

–I com ho sabies, tu? –va preguntar el Toni.

–No ho sabia pas –vaig respondre, arronsant les espatlles–. Però he pensat que era per això que havien robat l'ull.

–L'hem agafat en préstec –va dir el Camps–. La policia no roba.

–D'acord, com vulgueu... –vaig dir.

Mentre parlàvem, el tècnic i els seus ajudants connectaven l'ull al monitor.

–D'aquí a un moment veurem qui ha fet les pintades –va dir el pare.

Tots vam quedar en silenci.

Vaig canviar una mirada amb la Xantal.

El camp era ple de gent. Ningú no gosava piular.

Vam observar amb atenció com endollaven el disc dur al monitor central.

Els tècnics treballaven de pressa, conscients de l'enorme expectació que s'havia creat. Però alhora ho feien meticulosament, procurant que no hi hagués cap fallada.

–El connecten o què? –va preguntar el Pessi, tot neguitós.

–Això no és com connectar la tele, nano –va dir el tècnic de la bata blanca.

Per fi, després d'un llarg suspens, es va engegar el monitor.

Va aparèixer un pla general de la façana de l'escola.

El meu pare va fer un gest i la Llompart i el Camps es van avançar.

–Aquest matí hem connectat les càmeres en nou punts estratègics en els quals pensàvem que podien aparèixer les pintades –va explicar la Llompart, com si fos una experta.

–I ho hem encertat –va continuar dient el Camps–, perquè els dos últims anònims han quedat gravats. Si us plau...

El tècnic va tocar el botó de *play*.

Al monitor es va veure com algú penjava un llençol blanc en una finestra del tercer pis.

El llençol que deia:

EL FELIP I L'ALÍCIA SE'N VAN DEL POBLE

El tècnic va rebobinar i vam poder veure, en càmera superlenta, com algú lligava el llençol a la barana.

–No es veu qui és! –va protestar la meva mare.

–Si us plau, faria el favor d'ampliar la imatge? –va demanar el pare.

El tècnic va afirmar amb el cap i va tornar a rebobinar.

Ara, però, tot el pla l'ocupava la finestra del tercer pis.

I es veia perfectament qui era la persona que penjava el llençol.

L'autor de la pintada.

43

–Però qui és aquest? –va preguntar la mare.

El pla del monitor l'ocupava la imatge d'un home que lligava el llençol a la finestra.

Era un home baixet.

Calb.

Amb bigoti.

–Us presento el Martí Carulla, director esportiu de les categories infantils del Girona –va dir el meu pare tranquil·lament.

Era el que havia fitxat el Felip i l'Alícia.

I, com es veia a la pantalla, era l'autor de les pintades.

Després de donar-hi tantes voltes, resultava que el culpable era un foraster?

El que havia muntat aquell embolic espantós era algú que gairebé no coneixíem?

Hi va haver un murmuri general i tothom va girar-se cap a la banqueta.

Al darrere dels nostres entrenadors hi havia el Martí Carulla.

S'havia posat vermell.

Semblava a punt d'escapar-se corrents.

–Però, Martí, per què ho has fet? –va preguntar l'Alícia.

L'home va arronsar les espatlles.

–Ha estat per vosaltres –va respondre.

–Què? –va exclamar el Felip, sense entendre res.

–Ja ho sabia, jo, que ho havien fet els del Girona –va dir el Tomeu–, amb la idea que perdéssim el torneig.

–Xxxxxt, calla –el va renyar la Marilyn.

El Martí Carulla es va gratar el cap.

–Vull demanar perdó a tothom –va dir–, però després de fitxar l'Alícia i el Felip vaig tenir por que no es fessin enrere. De manera que vaig pensar que si se n'assabentava tothom, ja no canviarien d'opinió.

–I per què no ho va dir tranquil·lament, sense més ni més? –va preguntar el Camps.

–Doncs perquè els havia promès que no ho faríem públic fins passat Nadal –va respondre–. Per això vaig pensar que si es-

crivia un anònim explicant-ho se n'assabentaria tothom, però no sabrien que havia estat jo.

–Home, Martí, havíem quedat que no en diríem res –va protestar l'Alícia.

–Ja ho sé –es va disculpar ell–. Però he vist molts casos d'entrenadors o jugadors que es fan enrere després d'haver fitxat per un equip i no volia que us passés a vosaltres. Us veig tan lligats al poble que tenia por de perdre el fitxatge...

–Hi ha una cosa que no entenc –vaig dir.

–Ja som dos –va coincidir la mare–. A veure: a què treu cap aquesta fal·lera per fitxar aquests dos entrenadors?

El Martí Carulla va arronsar les espatlles.

–Jo sóc un simple subordinat. El club em va manar que els fitxés i això és el que faig: complir la meva missió –va respondre–. Són uns entrenadors més o menys bons, i com que són

parella fan gràcia i cauen bé als mitjans de comunicació. Podem fer una bona feina, amb ells.

–Així doncs, ens fitxeu perquè som bons entrenadors o perquè estem casats? –va preguntar el Felip, empipat.

El Martí Carulla va tornar a arronsar les espatlles.

–Tant se val –va dir–. El cas és que esteu fitxats.

La Xantal es va posar al meu costat.

–Com podia saber tantes coses de nosaltres, aquest home? –em va preguntar.

Exacte.

Era la pregunta que anava a fer jo.

Com podia ser que el director esportiu del Girona, que no coneixia gens el poble, de cop i volta sabés tantes coses de nosaltres? Del Camunyes, del Tomeu, de la Xantal...?

Però el pare se'm va avançar.

–Abans de continuar vull que veiem l'altre vídeo de l'Ull de Falcó –va dir.

–Per què? –va preguntar el Toni–. Si ja tenim el culpable...

El pare no li va respondre, tot just va mirar el tècnic.

El monitor es va engegar de nou.

Ara s'hi veia un pla zenital gravat de dalt estant de la paret del costat dels lavabos.

Tots vam fixar els ulls sobre la pantalla.

Al cap d'un moment va aparèixer algú amb un pot de pintura blanca.

Algú que semblava molt nerviós.

Va mirar amunt i avall.

I quan va estar segur que no el veien...

Va començar a escriure alguna cosa a la paret:

L'ANTONI BARNILS ESTÀ ARRUÏNAT
I TANCARÀ LA FÀBRICA

Aquesta vegada no calia rebobinar ni ampliar la imatge.

De seguida vam veure ben clar qui era la persona que feia la pintada.

Un noi que coneixíem molt bé:

El Toni.

El Toni havia fet la pintada del seu pare i la fàbrica.

Acabàvem de veure-ho a l'Ull de Falcó.

Però, per què?

Com s'entenia, tot plegat?

El Martí Carulla i el Toni s'havien posat d'acord per fer les pintades?

–Però per què ho has fet, Toni? –li va preguntar la Xantal.

–Perquè m'ha donat la gana! –va respondre ell.

I se'n va anar ràpidament cap al vestidor.

–No tornis a marxar, Toni –va dir el Pessi–, que hem d'acabar el partit.

El meu pare va girar-se cap a les grades i va dir:

–Antoni, crec que hauries de dir alguna cosa.

L'Antoni Barnils, que estava entre el públic, va fer uns quants passos endavant.

Semblava que també se n'aniria al vestidor en silenci.

Al darrer moment s'hi va repensar i va aturar-se.

Es va girar cap al pare.

Va negar amb el cap.

I va dir:

–Emili, sento haver fet malament les coses, però si aquí hi ha algun culpable sóc jo. La fàbrica va molt i molt malament, i és

veritat que potser haurem de plegar. Quan ho va saber, el meu fill s'ho va prendre fatal, em va acusar de ser un mentider i em va amenaçar de fugir de casa.

Després va fer un so que recordava un plany.

I va afegir:

–Pel que sembla, no ha fugit pas de casa, però ha fet una pintada perquè tothom se n'assabentés.

Va fer un altre pas cap al vestidor.

–Vaig a parlar-hi. Ho sento.

I se'n va anar.

Ningú no es movia.

El Pep Llorenç va prendre la paraula:

–Perdona'm, Emili –va dir–. Ja sé el que veiem a l'Ull de Falcó, però no entenc res.

Per una vegada a la vida, el Llorenç va dir en veu alta el que pensàvem tots.

Resumint:

El Martí Carulla havia fet la pintada del Felip i l'Alícia per evitar que es penedissin de marxar del poble.

El Toni era l'autor de la pintada de la fàbrica perquè estava enfadat amb el seu pare.

D'acord.

Molt bé.

Però...

I les altres?

També les havien fet ells dos?

–A mi no em mireu –va dir el Martí Carulla–. Jo només he fet la pintada dels entrenadors, aprofitant tot l'enrenou que s'havia armat a causa dels anònims. De la resta no en tinc ni idea.

–Em sembla que ja no tenim més imatges gravades –va dir la Llompart.

–Això mateix –va afegir el Camps.

El pare va estossegar i va dir:

–És veritat. Però l'Ull de Falcó no solament ens ha permès veure els autors de les dues últimes pintades. També ens ha ensenyat una cosa molt important.

Un altre murmuri general va recórrer les grades.

–Que no et pots fiar dels del Girona? –va preguntar el Camunyes.

–I que el poble es quedarà sense fàbrica? –va preguntar l'Esteve.

–Que el Toni no s'avé gens amb el seu pare? –va preguntar la Xantal.

–Que la tecnologia pot ajudar a resoldre els casos? –va preguntar l'Aina.

–Una cosa molt més important –va dir el pare.

–Que t'agrada fer-te l'interessant i el misteriós? –va preguntar la mare.

–Joana, no comencem...

–Si ets tu, que... –va replicar ella.

–El que ens ha ensenyat l'Ull de Falcó és que les pintades... –va continuar dient el pare– són obra de més d'una persona.

De més d'una?

Però de quantes?

–I si cada pintada l'ha feta una persona diferent? –vaig preguntar.

No sé pas per què ho vaig dir.

Ho vaig pensar de sobte i em va sortir així.

El pare va somriure i em va mirar.

–Molt bé, Paket –va dir–. Això és ben bé el que ha passat.

–Així doncs –va intervenir el Pep Llorenç–: quants culpables hi ha?

–Tants com pintades –va rematar el pare.

–Hi ha set pintades –va recordar l'Aina–: en porto el compte.

–Llavors és molt senzill: hi ha set culpables –va dir el pare.

Set culpables!!

–I qui són, Emili, per l'amor de Déu? Que em fas posar neguitosa! –va exclamar la mare.

45

–Atemptat contra la via pública.

–Vandalisme.

–Destrossa de mobiliari urbà.

–Invasió del dret a la intimitat.

–Alarma social.

–Nocturnitat i traïdoria en molts casos.

La Llompart i el Camps ho van dir sense immutar-se.

Llegint-ho a la llibreta.

Els espectadors van quedar bocabadats i nerviosos, sense saber què fer ni què dir, com si anessin a engarjolar-los a tots.

Fins que al final va parlar algú:

–D'acord, he estat jo!

Ens vam girar tots i vam veure...

El Víctor.

El meu germà.

–Que sí, que la pintada que diu que el meu pare és del Reial Madrid l'he feta jo –va confessar.

–Ja m'ho imaginava... –va dir el pare.

–És que no m'ho podia callar més temps –es va disculpar el meu germà–. Des que et vaig enxampar aquell dia, a Bàscara, amb la samarreta del Cristiano...

–És que de vegades m'escapo a Bàscara per veure els partits del Madrid en un bar petitó que hi ha –es va disculpar el pare–. I un dia, ves per on..., el meu fill em va veure per casualitat...

–Saltaves com un esperitat cada vegada que el Madrid feia un gol –va dir el Víctor.

–I tu des de quan ho sabies? –li va preguntar la mare–. Per què no n'havies dit res?

–Ho sé des de no fa gaire, un parell de mesos... o tres –va respondre el meu germà, tot sabent que es guanyaria una bona estirada d'orelles.

–Ja en parlarem a casa –va dir la mare–. Però això de guardar secretets entre la família i després fer una pintada enorme... Això sí que no, eh? Això sí que no...

–Però, mare, és que li vaig prometre al pare que no en diria res...

–Ximpleries! –el va tallar ella.

En aquell moment es va sentir un altre crit:

–Val més que diguem tots la veritat! Jo també n'he fet una!

Aquesta vegada parlava l'Esteve, el director de l'escola.

–Però, Esteve... –va dir el Pep Llorenç.

–Jo també he fet una pintada! –va repetir ell.

–I jo una altra!

Ens vam girar en direcció al camp.

Era... Era...

El Tomeu.

–I jo també! –va confessar el Vuit.

El Vuit també?

I el Tomeu?

I l'Esteve?

Quin embolic.

–Però quina pintada vas fer, tu? –va preguntar el Llorenç.

–Qui? Jo? –va dir el Vuit, que havia estat l'últim a confessar.

–No, tu no –va insistir el Llorenç, girant-se cap l'Esteve–: tu.

–Doncs jo..., molt bé, ho diré tot –va fer el nostre director–: vaig escriure allò que et gastaves els diners al bingo, i després se'm va acudir afegir-hi que apareixeria un missatge nou cada hora, per despistar... i perquè em va semblar original.

–Un director d'escola fent pintades a les parets? On s'és vist? –va dir la mare de la Marilyn.

–I per què vas posar allò del bingo? –va preguntar el Llorenç–. Em pensava que érem amics.

–Per això mateix, ho vaig posar perquè som amics –va admetre l'Esteve–. No podia veure com t'arruïnaves per culpa del maleït bingo, de manera que vaig pensar: si ho sap tothom, potser deixarà de jugar-hi. I de fet, des que va aparèixer la pintada, no hi has jugat més...

–Però si va aparèixer ahir a la nit! –va protestar el Llorenç.

–Bé, per algun lloc s'ha de començar –va dir l'Esteve, que semblava molt convençut d'haver fet una bona obra.

–Jo també ho vull explicar! –va dir el Tomeu.

–Tranquils, que hi ha temps per a tots –va dir la Llompart.

El Camps i ella ho anaven apuntant tot a les seves llibretes i, realment, no donaven l'abast.

–Jo vaig fer la pintada que deia que el Vuit havia copiat l'examen de mates –va confessar el Tomeu.

–Però per què ho vas fer? Ara em suspendran, segur –va protestar el Vuit.

–Doncs ho vaig fer... perquè la meva pintada va ser obra teva!

–Com ho sabies? –va preguntar el Vuit.

–L'únic que sabia allò..., que em pixava al llit..., eres tu –va respondre el Tomeu–. Per això em vaig adonar de seguida que la pintada era teva i em vaig enrabiar moltíssim. Ah, i que consti que això de pixar-me només ha passat un parell de cops...

–I per què no m'ho vas dir, que t'havies enfadat tant? –va preguntar el Vuit–. Em pensava que érem amics.

–Justament –va admetre el Tomeu–. Per això eres l'únic que ho sabies i per això la pintada havia de ser obra teva...

–És clar –va fer el Vuit.

–La vas fer tu, doncs? –va preguntar el Tomeu, molt enfadat–. Com s'entén?

–Perquè quan vaig veure el que havia passat amb la pintada anterior, vaig pensar que era una bona idea perquè l'equip es desestabilitzés i em donessin una oportunitat a mi –va explicar el Vuit–. Estic fart de ser sempre el suplent! N'estic ben fart! Sóc més bo que la majoria de vosaltres!

–Haver-ho dit, que volies jugar –va replicar el Tomeu–. No calia pas que expliquessis a tothom que em pixo al llit.

–Ho sento –va dir el Vuit–. Ho sento moltíssim.

–Jo també sento que hagis de suspendre per culpa meva –va dir el Tomeu.

–Bé, doncs ja ha quedat tot ben clar, oi? –va dir el Gustau Ferrada, l'alcalde, que estava ben desconcertat. Ja sabem qui ha fet totes les pintades; ara el poble ja pot estar tranquil...

–Totes no! –va exclamar la Xantal.

I va fer un pas endavant.

–La primera pintada, amb què va començar tot, va ser la del petó entre el Camunyes i jo –va dir–. I encara no sabem qui la va fer.

–Au, vinga, que confessi el culpable i acabem d'una vegada –va dir el Camps.

Però no sortia ningú.

–Si és igual –va dir la mare–. Sigui qui sigui, tot el poble està ficat en aquest embolic. De manera que val més que surti i acabem d'una vegada...

–Jo!

Tothom es va girar.

Era jo qui havia parlat.

–Jo! –vaig repetir.

–Has estat tu? –va preguntar la Xantal, mirant-me amb els seus ullarros–. I com sabies que ens havíem fet un petó?

–No, no, que jo no he estat –vaig replicar–. Vull dir que sé qui la va fer. I ho diré ara mateix.

Va haver-hi un moment de silenci.

I per fi...

–D'acord, d'acord, no vulguis ser massa espavilat... He estat jo!

Ara sí que havia sortit l'autor de la primera pintada:

El Camunyes.

–Camunyes!? –va fer la Xantal.

–Camunyes!? –va fer la Marilyn.

–Camunyes!? –vaig fer jo.

–Però si acabes de dir que ja ho sabies –va fer ell, mirant-me.

–Doncs no en tenia ni idea, francament –vaig respondre–. Però he pensat que si deia que ho sabia, el culpable ensenyaria la cara.

–Doncs ha funcionat –va dir l'Aina.

–Molt bé, d'acord, vinga, vaig ser jo, què passa? –va dir el Camunyes–. Aquí tothom ha fet alguna pintada, fins i tot l'Esteve, el director.

–Quin exemple per als nanos! –va dir la mare.

–La meva va ser per una bona causa –es va defensar l'Esteve.

–Ara explicaràs d'una vegada per què vas fer la pintada aquella –va dir la Xantal.

–Molt senzill –va dir el Camunyes–. La vaig fer perquè ho sabés tothom.

–Volies que tothom sabés que ens havíem fet un petó?

–És clar –va admetre ell–. Tots em dieu l'Orelles i us rieu de mi i, per una vegada que havia fet un petó a la noia més guapa de la classe, volia que la gent ho sabés.

–Però vam prometre que no ho diríem –va fer la Xantal.

–Ja –va respondre el Camunyes–, per això la pintada va ser anònima.

En aquell moment, algú li va clavar una empenta.

Era la Marilyn.

–Et vull dir tres coses –va fer–. La primera, que ets més ruc del que em pensava. La segona, que no te m'acostis mai més. I la tercera, que has armat un embolic de ca l'ample per tot el poble només per fer-te el gallet i demostrar que eres capaç de fer un petó a una noia.

Havent dit això, va girar en rodó i també va marxar del camp.

–Marilyn, no te'n vagis, que hem d'acabar el partit –la va cridar el Camunyes.

–Deixa'm en pau, cap de suro –va respondre ella, mentre s'allunyava.

El cas és que les set pintades les havien fet set persones diferents.

No hi havia un sol culpable.

N'hi havia molts.

I el cas, també, és que els jugadors del Reial Madrid i l'àrbitre encara ens esperaven. Mirant-nos.

–Sempre feu aquestes coses, en aquest poble? –va preguntar el porter del Reial Madrid.

–Què? Juguem el partit? –va preguntar l'àrbitre, que no tenia gaire clar què calia fer.

–I tant –va dir el pare–. El misteri ja està resolt. Els culpables rebran la multa corresponent. I espero que hagin après la lliçó... No sé ben bé quina, però ja m'ho rumiaré.

–Vinga, som-hi, acabem aquest partit d'una vegada –va dir el Felip.

–Això mateix –va afegir l'Alícia.

Els nostres entrenadors.

El Felip i l'Alícia.

Els principals sospitosos.

I resulta que gairebé eren els únics que no tenien res a veure amb les pintades.

46

El Toni va fer un driblatge al número 6 del Reial Madrid.

Després va fer una rematada a boca de canó al defensa central.

En acabat va deixar assegut a terra el lateral dret.

I, gairebé d'esma, va fer un llançament a porteria.

El porter es va estirar però no va arribar-hi.

La bola va entrar per l'escaire.

Goooooooooool.

El Toni havia tornat per jugar la segona part.

Igual que la Marilyn.

Hi érem tots.

Els Futbolíssims.

A més, el Toni havia tornat amb moltíssimes ganes.

Era igual de xucla-sang que sempre.

Però a més estava rabiós.

Com si volgués demostrar a tots que, passés el que passés amb el seu pare, ell continuava sent el millor de l'equip.

Tot just havia començat el partit, que va fer aquella jugada espectacular i va marcar un golàs.

Pla de Dalt 3, Reial Madrid 1.

Guanyàvem per 3 a 1 el Reial Madrid!

I el més increïble de tot:

Si fèiem un altre gol, guanyaríem el torneig.

Quedaríem empatats a punts i en diferència de gols amb el Reial Madrid i el Girona. Ara bé..., si tornàvem a marcar tindríem més gols a favor.

I guanyaríem el torneig!

Tots els espectadors ens animaven.

La gent del poble.

Els forasters.

I fins i tot, cosa insòlita, els jugadors del Girona i del Barça.

Ja no podien guanyar el torneig, ells.

Es veia ben clar que preferien que guanyéssim nosaltres abans que el Reial Madrid.

Tot el camp era un clam.

Ho podíem aconseguir.

Poques hores abans, tothom hauria apostat que quedaríem els últims del torneig de Nadal.

Ara, però...

Ara tot semblava possible.

Fins i tot l'Isidre, el noi del Girona, em va mirar de les grades estant i em va dir a crits:

–Vinga, Paket, que podeu guanyar!

Durant la segona part vam atacar una vegada i una altra.

Però ells també van tenir les seves ocasions.

Si el resultat no variava, el Reial Madrid seria el campió del torneig.

Però si nosaltres marcàvem un gol...

Un sol gol...

Tot canviaria de cop.

La Xantal i el Toni semblava que juguessin de memòria.

Es passaven la bola.

Feien parets.

Entre l'un i l'altre, van rematar més de deu vegades a la porteria dels nostres rivals.

Però res.

La bola no hi entrava.

I el rellotge continuava corrent.

En una jugada en què la Xantal va caure per l'empenta d'un defensa, l'àrbitre la va mirar i va dir:

–Au, vinga, aixeca't...

Semblava que el mateix àrbitre tenia pressa.

Però el gol no arribava.

Minut vint-i-nou i mig.

Tots els espectadors estaven drets.

Nerviosos.

Impacients.

Vaig rebre la bola al centre del camp.

Vaig aixecar el cap.

Vaig veure el Toni i la Xantal avançats.

Dos mitjos del Madrid van sortir per tapar-me.

El més lògic és que provés de fer una passada en profunditat a qualsevol dels meus dos companys.

Aleshores, de fons, vaig sentir l'Alícia que cridava i m'animava.

Vaig recordar el que m'havia dit:

«Recorda't del Milinko.»

Ella confiava en mi.

Havia d'intentar-ho.

Encara que fos gairebé impossible.

Vaig aixecar la vista encara més.

Vaig veure el porter del Reial Madrid una mica avançat, a la línia frontal de la seva àrea.

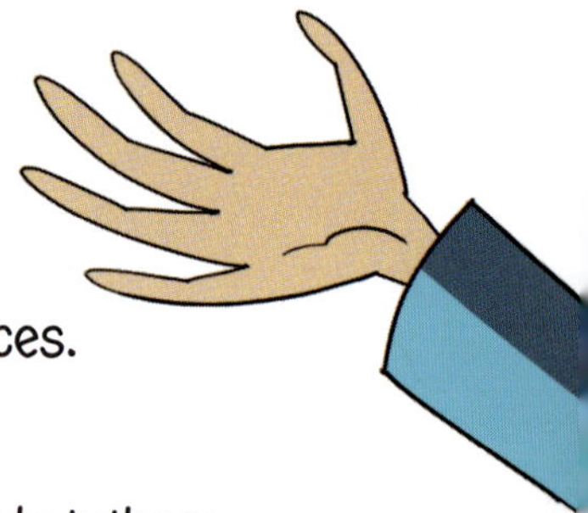

En aquell moment em vaig decidir.

Ho vaig calcular mentalment.

Vaig moure el peu.

I vaig xutar la bola amb totes les meves forces.

La bola va sortir volant.

Va creuar el camp davant la mirada atenta de tothom.

Semblava que anés a càmera lenta.

Va volar, i volar, i volar...

Va passar per sobre de defenses i davanters.

Va passar també per sobre del porter, que va provar de recular però va caure a terra.

Ningú no s'esperava una cosa semblant.

I finalment va baixar, la bola.

I va anar a parar a dins de la porteria.

Goooooooooool!

Els espectadors van esclatar en crits d'alegria.

Crits.

Abraçades.

Salts.

La mare i les seves amigues feien bots i semblaven a punt de caure de cul.

L'Esteve, el Pep Llorenç i el Gustau Ferrada s'abraçaven com si fossin bojos.

El Felip i l'Alícia van sortir al centre del camp i també em van saltar al coll.

En ma vida no havia fet un gol així.

Potser no en tornaria a fer mai més cap.

Aquell 26 de desembre, però...

A les 11 i 16 minuts vaig marcar un gol al Reial Madrid des del centre del camp.

La veritat és aquesta.

47

Tornava a nevar molt fort.

Als portals dels Quatre Vents feia més fred que mai.

Ja era de nit i no hi havia gairebé ningú.

Només dues persones.

La Xantal i jo.

–Pensava que ens havies convocat a tots els Futbolíssims –li vaig dir.

La Xantal va negar amb el cap.

–Ah –vaig fer, sense saber què dir.

Havíem guanyat el torneig de Nadal.

Jo havia marcat dos gols al Reial Madrid durant el partit decisiu.

Potser havia estat l'últim partit en què estàvem amb el Felip i l'Alícia.

Podria ser que la fàbrica més important del poble hagués de plegar.

Però en aquell moment tant se me'n donava tot plegat.

Vaig mirar la Xantal amb X i em vaig alegrar de ser amb ella.

–Si haguessis hagut de fer una pintada anònima, què hi hauries posat? –em va preguntar.

Vaig arronsar les espatlles.

–Jo sé perfectament què hi hauria posat –va dir ella.

–Ah, sí?

La Xantal es va treure una clau i es va acostar a la part del darrere d'un banc de fusta vell que hi havia davant dels porxos.

I va començar a escriure-hi alguna cosa amb la punta de la clau.

No era cap pintada.

Jo la mirava sense saber què fer.

Fins que va acabar.

Quan es va apartar, vaig veure el que havia escrit a la fusta.

No me'n sabia avenir. Era l'última cosa que m'imaginava.

–Què et sembla? –em va preguntar.

–Daixò..., no és ben bé una pintada... –vaig fer tot nerviós–, però està molt bé... I a la fusta, és clar, hi quedarà per sempre... Fins que algun dia s'emportin el banc, suposant que se l'emportin...

La Xantal va somriure.

–Paket –va fer.

–Què?

–Ets molt divertit.

I va marxar corrents.

Jo li vaig córrer al darrere.

–On anem? –vaig preguntar.

–No en tinc ni idea –va dir ella, rient, sense parar de córrer.

Si hi hagués un Ull de Falcó al cel, hauria vist un noi i una noia de dotze anys que corrien sobre la neu.

I una mica més enrere, en un banc dels Quatre Vents, una inscripció en lletra menuda sobre la fusta:

A LA XANTAL LI AGRADA EL PAKET